PRIX DU SCÉNARIO
FESTIVAL DE CANNES

제63회 칸 국제영화제 각본상 수상작

제63회 칸 국제영화제 각본상

제47회 대종상영화제 최우수작품상, 각본상,

여우주연상(윤정희), 남우조연상(김희라)

제47회 백상예술대상 영화감독상

제30회 한국영화평론가협회상 최우수작품상, 각본상

제19회 부일영화상 최우수작품상, 각본상

제8회 대한민국 영화대상 최우수작품상, 감독상, 각본상

제25회 프리부르영화제 금시선상, 비평가상

제5회 아시안 필름어워드 감독상, 각본상

제4회 아시아태평양스크린어워드 감독상, 여우주연상

제31회 청룡영화상 여우주연상

제2회 올해의 영화상 작품상

제6회 대한민국 대학영화제 작품상

제37회 LA영화비평가협회상 여우주연상

《시카고 트리뷴》선정 2011년 최고의 영화

미국 CNN 선정 2011년 최고의 영화 TOP 10

벨기에 여성영화인협회 올해의 영화상

대한민국 영화 담당 기자들이 뽑은 최고의 영화

2010년 영화인이 뽑은 최고의 작품 1위

제1회 시네마테크KOFA가 주목한 한국영화 선정작

시를 쓰기 위해서는 잘 봐야 돼요.
우리가 살아가는 데 제일 중요한 것은 보는 것이에요.
세상의 모든 것을 잘 보는 것이 중요해요.

— 영화 속 시인의 대사 중에서

이 영화는 예쁘고 멋있게 찍혀서는 안 된다.
겉으로 드러나는 시각적인 아름다움은 최대한 배제해야 한다.
설거지통 같은 우리의 일상을 있는 그대로 보여주며
관객이 스스로 '진정한 아름다움'을 찾도록 해야 한다.
만약 그런 것이 있다면…

— 이창동 감독의 작가 노트에서

이 아름다움을 당신도 만날 수 있기를

우리가 아름답다 말하는 것들은 언어보다 늘 먼저 놓이고 언어 너머로 가 머물기도 하는 것입니다. 아마 시도 그러할 테고요. 시는 무엇이다 혹은 어떤 것은 시가 아니다, 하고 정의 내리는 순간 시는 환한 웃음을 내보이며 그것들을 훌쩍 뛰어넘으니까요.

간혹 시의 자락을 쥐고 있다고 생각하는 이가 자신의 방향으로 끌어당길 때 시는 그림자처럼 정반대로 기울어져서 차가운 길바닥으로 스며들곤 합니다. 누구나 가질 수 있지만 누구도 혼자 가질 수 없는 것. 물론 영화나 음악이나 정신이나 사랑 같은 것들도 그러하겠지요.

영화 '시'는 시를 정의하지 않았고 희화화하지 않았으며 어떠한 과장도 지어내지 않았습니다. 다만 시가 아닌 것들을 말하는 방식으로 시를 느끼고자 했습니다. "무엇이든 진짜로 보게 되면 뭔가 자연스럽게 느껴지는 것이 있"으니까요.

저는 오늘 글로 쓰인 '시'의 각본을 다시 읽으며 시를 새로 느낍니다. 분명 영화보다 먼저 놓인 것이지만 지금은 영화 너머에 있습니다. "어느 햇빛 맑은 아침 다시 깨어나 부신 눈으로 머리맡에 선" 이 아름다움을 당신도 만날 수 있기를.

박준(시인)

• 추천의 글을 쓴 시인 박준은 2008년 《실천문학》으로 등단했다. 시집으로 《당신의 이름을 지어다가 며칠은 먹었다》, 《우리가 함께 장마를 볼 수도 있겠습니다》, 산문집으로 《운다고 달라지는 일은 아무것도 없겠지만》이 있다. 신동엽문학상, 오늘의젊은예술가상, 편운문학상, 박재삼문학상을 수상했다.

Poetry

이창동 각본집

아를

일러두기

• 이 책에 수록된 오리지널 시나리오는 이창동 감독이 쓰고 연출한 영화 '시'(2010)의
최종본 시나리오를 기본으로, 극장 상영용 프린트(최종본 필름)에 맞추어 일부 대사와
지문을 수정한 것이다. 부록에 특별 수록된 '시놉시스'와 '트리트먼트'에서 이창동 감
독의 초기 구상을 더욱 구체적으로 확인할 수 있다.

• 국립국어원의 한글 맞춤법에 따르는 것을 원칙으로 했으나, 예외적으로 '신(scene)'은
'씬'으로 표기했다. 또한 등장인물의 대사는 캐릭터의 특성을 살리기 위하여 작가의
표기를 그대로 살렸다.

• 영화 제목은 작은따옴표(' ')를, 책 제목은 겹화살괄호(《 》)를 사용했다.

• 이 책에 나오는 주요 시나리오 용어는 다음과 같다.

  ∘ 인서트(Insert): 씬이 진행되는 중간에 특정 사물이나 상황을 강조하기 위해 삽입한 화면.
  ∘ 오프스크린 사운드(O.S: Off-screen Sound): 인물은 보이지 않고 목소리만 들림.
  ∘ 다다미 샷(Tatami shot): 카메라의 위치를 극단적으로 낮추어 찍는 것. 일본의 영화감독
    오즈 야스지로의 독특한 촬영 기법에서 유래했다.
  ∘ 틸트업(Tilt-up): 카메라의 위치를 고정한 채 위를 보도록 움직이는 것.
  ∘ 틸트다운(Tilt-down): 카메라의 위치를 고정한 채 아래를 보도록 움직이는 것.
  ∘ 컷투(Cut to): 컷이 바뀌는 것.
  ∘ 필터(F: Filter): 전화기에서 들리는 것처럼 필터를 거쳐 들리는 목소리.
  ∘ 팬(Pan): 카메라 위치를 고정한 채 왼쪽 또는 오른쪽을 보도록 옆으로 움직이는 것.
  ∘ 페이드아웃(F.O: Fade Out): 화면이 차차 어두워짐.
  ∘ 프레임인(Frame in): 화면 속으로 인물 등의 피사체가 들어옴.

차례

영화의 운명과 시나리오

시나리오를 책으로 낸다는 것은 흔한 일이 아니다. 시나리오란 영화의 밑그림과 같은 것이기 때문에 영화가 만들어진 뒤에는 굳이 다시 시나리오를 들여다볼 필요성을 느끼지 못하기 때문일 것이다. 그러나 어떤 영화의 경우에는(아마도 대부분의 영화가 그렇겠지만), 시나리오를 읽는 것이 그 영화를 이해하는 최선의 방법이라 할 수 있다.

영화란 시나리오를 바탕으로 해서 스태프와 배우들의 헌신과 창의성, 그리고 제작 과정에서 만들고 선택된 공간, 날씨, 햇빛 등등 모든 것들의 총합이 이루어내는 결과물이다. 그런 점에서 영화는 어떤 창작물보다 더 운명적이다. 정해진 결과를 향해 달려간다는 의미에서가 아니라, 무수한 우연성들이 모여 우리가 예측하지 못했던 필연적인 결과를 만들어낸다는 점에서. 그러니까 영화가 만들어지고 난 뒤에 시나리오를 다시 보게 되면 역설적으로 그 영화가 시나리오 이후에 어떻게 자신의 운명을 만들었는가를 더 잘 이해할 수 있게 되는 것이다.

작가와 감독을 포함하여 영화에 참여하는 모든 배우들과 스태프들이 그 운명에 관여하는 주체들이다. '시'의 경우에는 그중에서도 주인공 미자가 되어 영화 속에서 산 윤정희 씨가 결정적인 역할을 했다. 가슴 아픈 일이지만, 여러 가지 정황으로 보아 윤정희 씨는 이 영화를 촬영하고 있을 때 이미 치매의 초기 증상이 시작되었던 것 같다. 영화 속 주인공과

똑같이 자신도 모르게 이미 치매란 병을 앓기 시작하고 있었다는 것. 그것이 그녀의 무서운 운명이었고, 동시에 '시'라는 영화의 운명이었다. 파리에서 병마에 시달리고 계실 그녀가 부디 평온하고 안락한 시간을 보낼 수 있기를 빈다.

시나리오를 쓸 때부터 윤정희 씨를 염두에 두고 있었지만, 그리고 윤정희 씨 본인이 주인공 미자가 자신과 놀랄 만큼 닮은 점이 많다고 말했지만, 사실 시나리오에 묘사된 미자의 많은 부분들은 연출부의 취재를 바탕으로 했다. 심지어 미자라는 이름조차도 윤정희 씨의 본명과 같다는 것을 나중에야 알아차렸다.

'시'의 시나리오는 2004년 밀양에서 실제로 일어난 10대 남자아이들의 여중생 집단 성폭행 사건에서 출발했다. 나는 그 사건이 우리 사회의 일상적 도덕성에 대해 질문하고 있다고 생각했고, 나 자신에게는 문학과 영화 같은 예술의(영화가 예술일 수 있다면) 역할에 대한 질문으로 받아들였다. 그것은 내가 작가로서 글을 쓰고 영화를 만들면서 끊임없이 나 자신에게 물었던 본질적인 질문이라 할 수 있다. 예술은 현실의 고통과 어떤 관계에 있는가. 예술은 현실을 바꾸게 할 수 있는가.

영화 형식에 관심이 있는 독자라면 영화와 현실의 경계를 무너뜨리고자 하는 감독의 의도가 시나리오에서 어떻게 구현되고 있는가에 흥미를 느낄 수 있을 것이다. 이를테면, 시 강좌 강사로 나오는 김용택 시인이 시에 대한 강의를 하고 수강생들이 자신의 '아름다운 순간'에 대해 이야기하는 것은 단지 영화 속 상황에 머무는 것이 아니라 스크린의 경계를 넘어서 직접 관객들에게 소통하고자 하는 의도라 할 수 있다.

또 서사에 관심이 많은 독자라면 이 영화를 하나의 모험 이야기로 읽을 수도 있을 것이다. 난생처음 시를 쓰고자 한다는 것은 미자에게는 성배(聖杯)를 찾아 떠나는 것이나 다름없는, 힘들고 무모한 모험인 것이다. 더구나 그것은 자신의 전 존재를 걸어야 하는, 도덕성의 시험을 거쳐야만 하는 모험이었다.

아무쪼록 이 책이 독자 여러분들께 서사와 영화라는 매체를 이해하는 데 조금이라도 도움이 되었으면 좋겠다. 이 책을 추천하거나 훌륭한 감상평을 쓰고 인터뷰를 해준 박준 시인, 신형철 평론가, 클로드 무샤르 시인, 그리고 이동진 평론가께 깊은 감사를 드린다. 마지막으로 이 책의 출판을 결심하고, 영화에 대한 깊은 애정과 진지한 태도로 영화와 시나리오를 꼼꼼하게 대조하며 대사와 지문을 점검하고 훌륭하게 책을 꾸며준 아를 출판사에 감사한다.

2021년 3월

이창동

아녜스의 노래

그곳은 어떤가요

얼마나 적막하나요

저녁이면 여전히 노을이 지고

숲으로 가는 새들의 노랫소리 들리나요

차마 부치지 못한 편지 당신이 받아볼 수 있나요

하지 못한 고백 전할 수 있나요

시간은 흐르고 장미는 시들까요

이제 작별을 할 시간

머물고 가는 바람처럼 그림자처럼

오지 않던 약속도 끝내 비밀이었던 사랑도

서러운 내 발목에 입 맞추는 풀잎 하나

나를 따라온 작은 발자국에게도

작별을 할 시간

이제 어둠이 오면 다시 촛불이 켜질까요

나는 기도합니다

아무도 눈물은 흘리지 않기를

내가 얼마나 간절히 사랑했는지 당신이 알아주기를

여름 한낮의 그 오랜 기다림

아버지의 얼굴 같은 오래된 골목

수줍어 돌아앉은 외로운 들국화까지도 내가 얼마나 사랑했는지

당신의 작은 노랫소리에 얼마나 가슴 뛰었는지

나는 당신을 축복합니다

검은 강물을 건너기 전에 내 영혼의 마지막 숨을 다해

나는 꿈꾸기 시작합니다

어느 햇빛 맑은 아침 다시 깨어나 부신 눈으로

머리맡에 선 당신을 만날 수 있기를

시 *Poetry*

오리지널 시나리오

등장인물

양미자 (66세)

종욱 (16세)

강노인 (70세)

기범부 (40대 중반)

희진모 (40대 중반)

김용탁 시인 (63세)

박상태 (50대 초반)

순창부 (40대 후반)

조미혜 (40대)

슈퍼여자 (40대)

희진 (16세)

종욱의 친구들

학부형들

시 낭송회 회원들

문학 강좌 수강생들

의사 1, 2

간호사 1, 2

수옥 (40대 초반)

그 밖에……

1. 강가 (낮/외부)

프롤로그. 남한강 줄기의 어느 강가. 햇빛에 반짝이며 화면 앞으로 끊임없이 밀려오는 물너울. 강 좌우의 숲과 강 너머의 산들, 그리고 멀리 이따금 차들이 지나다니는 높은 다리도 보인다. 물소리, 바람 소리, 새소리 등 자연의 소리 가득한 가운데 무심하게 놀고 있는 아이들의 소리 들려온다. 달력 사진처럼 별나게 눈에 띄는 곳은 아니지만, 평범하면서도 평화로운, 아마도 '시적(詩的)'이라고 이름 붙여도 좋을 아름다움을 느낄 수 있는 그런 곳.

강가 모래밭에서 여남은 살쯤 되어 보이는 어린아이들 몇 명이 놀고 있다. 그중 한 아이가 놀다 말고 어딘가를 바라본다. 아름다운 강 풍경에 취한 것일까. 아이는 끊임없이 흐르는 강물에 시선을 빼앗긴 채 한참 동안 멍하니 서 있다.

이윽고 아이가 천천히 물가 쪽으로 다가온다. 카메라가 아이의 시선을 따라가면, 저만치 물살에 뭔가 천천히 떠내려 오고 있다. 검은 머리칼 같은 것이 보이고, 물에 불은 푸르도록 흰 피부가 햇빛에 눈을 쏘아오는 것이 누군가의 시체임이 분명하다. 물에 젖은 옷은 여학생 교복처럼 보인다. 얼굴은 물밑을 향하고 있어 보이지 않지만, 검은 머리칼이 수초처럼 펼쳐

저 물결에 일렁이고 있다.

그 시신의 모습 위에 타이틀 '시(詩)'가 떠오른다.

2. 소도시 (낮/외부)

부감으로 보이는 소도시의 먼 풍경. 남한강을 끼고 있는 경기도의 어느 작은 도시. 그리 높지 않은 건물들이 올망졸망 늘어선 한적한 시가지가 보이고, 화면 한쪽으로 도시를 끼고 흐르는 강이 무심하게 햇빛을 반사하고 있다. 바람결에 희미한 사이렌 소리 같은 것이 들린다.

3. 병원 복도 (낮/내부)

인서트. 벽걸이 TV 화면에서 뉴스가 나오고 있다. 자식을 잃은 팔레스타인 어머니가 울부짖고 있는 화면. 폭격 중인 길거리에서 이스라엘군의 폭격으로 숨진 청년의 시신을 사람들이 옮기고 있다.

그리 크지 않은 병원의 복도. 사람들이 대기 의자에 앉아 TV

를 보고 있다. 대기하고 있는 사람들 사이에 미자가 앉아 있는 모습이 보인다. 그녀는 화사한 스카프를 매고 모자까지 쓰고 있지만, 한눈에도 그리 세련되어 보이는 차림은 아니다. 핸드폰 벨 소리가 들린다. 미자가 자신의 가방을 뒤지는데, 뒷줄에 앉은 누군가가 전화를 받는다. 미자, 가방에서 핸드폰을 꺼내 보고는 다시 집어넣으며 자신을 보고 있는 옆자리의 여자와 시선이 마주치자 미소를 짓는다. 그러나 무표정하게 고개를 돌리는 여자.

진료실의 문이 열리고, 간호사가 나온다.

간호사1   양미자 님!
미자   네! (학생처럼 냉큼 대답하며 일어난다.)
간호사1   이쪽으로 오세요.

4. 진료실 (낮/내부)

진료실 안. 미자가 문을 열고 들어와 의사 앞에 놓인 의자에 앉는다. 의사는 사십 대 초반쯤 되어 보이는 남자.

의사1   어디가 불편하시죠?

미자	팔이요……. 오른쪽 팔이 자꾸 저릿저릿해요.
의사1	(미자에게 다가가 어깨를 눌러보며) 여기 아프세요?
미자	아니, 아픈 게 아니라 저릿저릿해요. 꼭 그 뭐야……. 그거 통한 거같이……. (단어가 생각이 나지 않는지 그녀는 스스로 어이없다는 듯이 웃는다.) 아이고, 말이 생각이 안 나네. 내가 요새 이래요. 그거 뭐지?

의사는 그런 그녀를 물끄러미 보고만 있다. 그녀는 주위를 둘러보다가 천장의 전등을 가리킨다.

미자	저거……. 저건데……. 에너지 말예요…….
의사1	전기요?
미자	아 네, 전기! (소리 내어 웃는다.) 전기 통한 거같이 저릿저릿해요. 내가 건망증이 와갖고 말을 자꾸 잊어먹네요. 어제는 뭐야, 비누란 말이 생각이 안 나는 거예요, 한참 동안……. (또 웃는다.) 사분이란 말만 생각이 나고. 옛날에는 비누를 사분이라고 했거든요.
의사1	언제부터 그러세요?
미자	어……. 뭐, 한 며칠 됐나, 그래요.

의사1	아니, 말이 잘 기억이 안 나시는 게, 그게 언제부터세요?
미자	그게…… 언제지? 올 여름부턴가, 봄부턴가?
의사1	연세가 어떻게 되시죠?
미자	예순다섯……. 아니, 예순여섯이요. (웃는다.)
의사1	예……. 지금 팔이 저리신 건, 어깨 근육이 뭉쳐서 그러는 건데요, 가벼운 운동을 해주시면 돼요. 그것보다 지금 단어를 기억을 못 하시는 게 좀 기분이 나쁘네요. 그거 별로 안 좋은 신호일 수 있거든요. 큰 병원에 가서 정밀 검사를 한번 받아보시는 게 좋을 것 같아요.
미자	큰 병원이요?
의사1	예, 서울에 있는 대학 병원이나 큰 종합 병원이요. 내가 써드릴게요.

처방전을 쓰고 있는 의사를 여전히 미소를 지은 채 보고 있는 그녀.

5. 병원 앞 (낮/외부)

그리 규모가 크지 않은 지방 도시의 병원 현관. 미자가 누군가와 전화 통화를 하며 현관을 나온다.

미자   응. 병원에 와 있어. 팔이 저려갖고……. 팔이
자꾸 저릿저릿해. 온다 온다 하다가 마음먹고
병원에 진단 받으러 온 거야. 어……? 혼자 왔
지, 이년아. 같이 올 사람이 누가 있어? 아이 참.
*(말을 해놓고 소리 내어 웃는다. 보아하니 딸과 통화
하는 것 같다.)*
그런데 엄마는 괜찮은 편이지 뭐. 남들은 내 나
이에 신경통이니 관절염이니 해가지고……. 아
이고, 말도 마. 나는 괜찮은 편이야.

그녀는 응급실 앞쪽으로 걸어간다. 작은 병원이라 현관 옆에
응급실이 붙어 있고, 그 옆에는 장례식장의 간판이 보인다.
응급실 앞 주차장에 구급차가 서 있고, 한쪽에 경찰차도 보인
다. 뒷문이 반쯤 열려 있는 구급차 앞에서 사십 대 중반의 여
인이 울고 있다. 얼굴이 검게 탄 전형적인 농사꾼 아낙네의
얼굴이다. 마치 밭에서 일하다 온 것처럼 몸뻬 작업복 차림에
맨발로 왔다 갔다 하며 울고 있고, 열두어 살쯤 되어 보이는
남자아이가 그녀의 발에서 벗겨진 슬리퍼 두 짝을 손에 들고
그녀를 따라다니고 있다.

여자	애 어디 갔어……? 나쁜 년…… 못된 년…… 독
	한 년……. 어쩌면 그렇게 못될 수가 있어…….
	어떻게 그렇게 갈 수가 있어. 야, 너 그렇게 가
	면 안 되잖어……. 애 어디 갔어? 애 어디 갔어?
	어…… 어떡하지……? 어떡하지……? 어디로
	갔냐? 어디 갔어……?

약간 혼이 빠진 것처럼 그녀의 입에서는 울음 같기도 하고 알
지 못할 괴성 같기도 한 소리가 끊임없이 흘러나오고 있다.
사람들이 서서 그녀를 보고 있다. 전화 통화를 계속하며 병원
현관을 나와 길 쪽으로 걸어가던 미자도 걸음을 멈추고 그녀
를 본다.

6. 슈퍼 (낮/내부)

시내 중심가에 있는 꽤 큰 규모의 슈퍼. 그러나 좀 낡고 오래
된 듯하다. 밖으로는 좁고 어수선한 거리 풍경이 보인다. 사
십 대 중반으로 보이는 여자가 계산대에서 바쁘게 손님들에
게 계산을 해주고 있다. 거리에서 미자가 걸어오는 모습이 보
인다. 이윽고 그녀가 열린 문으로 들어온다.

미자	안녕하세요.
슈퍼여자	아, 오셨어요? (벽에 걸린 시계를 쳐다보며) 좀 늦으셨네?
미자	병원에 좀, 갔다 왔어요.
슈퍼여자	예, 두 번이나 전화 왔었어요. 왜 빨리 안 오냐고…….

미자는 겁난다는 시늉으로 혀를 쏙 내민다. 여자가 웃으며 열쇠를 꺼내 미자에게 내민다. 열쇠를 받아 슈퍼 안쪽으로 걸어가는 미자. 안쪽에 건물 계단으로 통하는 문이 있다. 슈퍼여자는 사람들에게 계산을 해주면서도 어디론가 전화를 건다.

슈퍼여자	예, 아버님. 지금 간병 아줌마 올라가요.

7. 계단 (낮/내부)

슈퍼가 있는 건물의 계단. 2, 3층의 살림집과 연결되어 있다. 슈퍼와 연결된 문이 열리고 미자가 나와 계단을 올라온다. 2층을 지나 3층으로 올라간다. 3층 문 앞에서 슈퍼 여자에게 받은 열쇠로 문을 연 뒤 들어간다.

8. 강노인의 집 (낮/내부)

3층집 내부. 베란다 창 쪽에서 보는 거실과 안방. 안방은 반쯤 문이 열려 있고, 거실에는 오래된 가구들과 요즘은 별로 쓰지 않는 잡다한 물건들이 보인다. 창문 쪽으로는 꽤 많은 숫자의 관상용 난 화분들까지 늘어서 있어서 전체적으로 이 집 주인의 오랜 연륜을 보여주는 것 같다. 거실 한쪽에 있는 휠체어가 눈길을 끈다. 거실은 비어 있으나 욕실 쪽에서 미자의 소리가 들려온다. 그녀의 소리는 마치 말 안 듣는 아이를 야단치는 소리 같기도 하다.

미자   이쪽……, 이쪽! 가만 좀 있어요! 가만 좀 있으라니까! 오오? 오오? 이렇게 뻗대면 어떻게 옷을 벗어요? ……옳지! 옳지! 이쪽 다리 빼시고! 옳지, 옳지! ……아이고, 잘하네!

카메라 천천히 소리 나는 쪽을 향해 팬 하면, 거실 한쪽에 욕실이 보이고, 열려 있는 문으로 강노인을 욕조 안에 앉히고 옷을 벗기고 있는 미자의 모습이 보인다. 어느새 그녀는 일하기 좋은 몸뻬 차림으로 갈아입고 있다.

9. 욕실 (낮/내부)

욕실 안. 마침내 남자의 옷을 다 벗겨낸 것 같다. 그녀는 샤워
기의 물을 틀고 온도를 조절 한 뒤 늙은 남자의 몸에 뿌린다.
노인의 입에서 알아듣지 못할 소리가 흘러나온다.

미자　　　뜨거워요? 안 뜨겁지?

노인이 뭐라고 말한다. 미자가 알아들은 듯이 웃는다. 그녀는
손으로 노인의 몸을 씻기기 시작한다. 노인은 중풍이 걸려 오
른쪽 반신이 흐느적댄다. 입안의 침도 잘 수습하지 못할 정도
로 마비가 심하다. 한마디 말을 하려면, 입가에 심한 경련이
인다. 그래도 뭐라고 버벅거리며 말을 하기는 하는데 잘 알아
들을 수 없다. 그녀는 아이에게 야단치듯 큰소리로 말한다.

미자　　　가만히 있어요, 가만히 있어봐요! 오오?
　　　　　　（노인이 뭐라고 알아들을 수 없는 소리를 낸다.）
　　　　　　예? 뭐라고요?

다시 노인이 뭐라고 화난 음성으로 말한다. 그녀가 그의 말을
반복하며 알아들으려고 노력한다.

30　　　　　　　　　　　　　　　　　시 Poetry 각본집

미자   내가……. 귀가……. 귀가 멀쩡한데……. 왜 소
         리를 지르냐고요? (어이없다는 듯 짤막하게 웃는
         다.) 죄송해요, 소리 안 지를게.

계속 그의 몸을 씻기는 그녀.

10. 거실 (낮/내부)

작은방에서 미자가 나온다. 그새 일을 끝내고 옷을 갈아입었
다. 미닫이문이 열려 있는 안방 쪽으로 다가간다.

미자   회장님! 저 갈게요. 안녕히 계세요.

목욕을 끝내고 새 옷으로 갈아입은 강노인이 안방 아랫목에
있는 다리가 없는 의자에 앉아 있는 모습이 보인다. 방 안은
노인이 쓰는 방답게 옷장 외에도 작은 책장, 온갖 자질구레한
물건들, 난 화분 등이 놓여 있고, 노인이 앉은 자리 곁에는 앉
은뱅이 작은 책상과 문갑 등도 보인다. 한 가지 눈에 띄는 것
은 노인의 등 뒤에 있는 작은 철제 금고인데, 그 고색창연한
금고는 그가 비록 몸이 늙고 병들어 있어도 아직 돈을 손에
쥐고 있는 완고하고 인색한 노인네라는 인상을 준다.

강노인	이……, 이, 다 해, 했어?
미자	예?
강노인	(버럭) 이, 일 다 했냐고?
미자	예, 일 다 했어요.
강노인	벌써?
미자	벌써라뇨? 세 시간이 지났는데……. 빨래하고 청소하고 할 일 다 했어요.

강노인, 미자에게 손짓으로 들어오라는 시늉을 한다. 미자가 방 안으로 들어가 그의 앞으로 다가가면, 강노인이 만 원짜리 한 장을 그녀에게 내민다.

강노인	수, 수고해……써…….
미자	(받으며) 고맙습니다, 회장님.
강노인	이거, 나한테…… 도, 돈 받았다고 저, 절대 얘기하지 마…….
미자	예, 알았어요.

미자, 인사하고 방을 나온다. 현관문 쪽으로 가며 강노인에게서 받은 만 원짜리를 눈앞에서 흔들어보며 혼잣말을 한다.

미자	아이고, 많이도 주네.

현관문을 열고 나간다.

11. 슈퍼 (낮/내부)

안쪽 문을 열고 슈퍼 안으로 들어오는 미자. 계산대의 슈퍼여
자에게 다가간다.

슈퍼여자   오늘은 소리 안 지르셨어요?
미자   왜 안 질러요? 지르면 뭐 해. 나도 막 지르는
데…….

그녀가 웃는다. 슈퍼여자도 따라 웃는다. 슈퍼여자가 그녀에
게 오만 원을 세어서 건넨다.

미자   (돈을 받으며) 회장님한테 돈 만 원 받았는데…….
슈퍼여자   그래요?
미자   근데요, 절대로 남한테 얘기하지 말래요. 만 원
주시면서……. (소리 내어 웃는다.)
슈퍼여자   우리 아버님이 원래 좀 짜세요. 유명해요. 아
주머니 마음에 드시나 봐요. 만 원씩이나 주시
고……. 근데 아줌마, 원래 이렇게 멋쟁이로 하

	고 다니세요?
미자	나 멋쟁이로 보여요? 아유, 멋쟁이 아니에요.
	(하지만 그녀는 그 말이 싫지 않은 눈치다.)
	근데 이게 어디로 갔지 또…….
슈퍼여자	뭘, 뭘 찾아요?
미자	저거, 저거…… 아이고, (웃으며) 말이 생각이
	안 나네. 돈 넣는 거요, (손 모양을 해 보이며) 요
	만한 거 있잖아요? (계속 가방을 뒤진다.)
슈퍼여자	지갑이요?
미자	맞아, 지갑! (소리 내어 웃으며) 또 지갑이 어디
	갔어?
슈퍼여자	(미자가 손에 들고 있는 지갑을 가리키며) 이거, 이
	건 뭐예요?
미자	(자기 손에 있는 지갑을 보고 더욱 크게 웃는다.) 내
	가 이래……. 요새 정신이 없어요.

그러나 슈퍼여자는 손님들에게 계산을 해주느라 이미 그녀
를 보고 있지 않다. 미자는 잠시 그 자리에 서서 슈퍼여자를
보고 있다.

미자	아까 병원에 갔다가 봤는데, 강에서 여기 서중
	학교 다니는 여자애 시신이 발견돼가지고 실려

시 *Poetry* 각본집

왔다고 그러더라고요. ……다리 위에서 투신해
갖고 자살한 거 같다고 그러던데……. 애 엄마
지……. 혼이 다 나가가지고…….

그러나 슈퍼여자는 그녀의 말을 듣고 있는지 마는지 계산하
는 데만 정신이 팔려 있다. 계산을 끝낸 손님이 그녀를 흘낏
보고는 나간다.

미자   (슈퍼여자에게) 그럼 가볼게요.
슈퍼여자   예, 모레 오세요!

슈퍼를 나가는 미자.

12. 버스 정류장 (낮/외부)

긴 의자가 놓여 있고 비를 피할 수 있게 유리 지붕이 씌워진 버
스 정류장. 마을버스가 다가와 선다. 미자가 버스에서 내린다.
몇 걸음 걸어가다가 갑자기 걸음을 멈추고 버스 정류장으로
돌아온다. 버스 정류장의 게시판에 붙은 포스터를 보고 있다.

미자   (아쉬운 듯) 마감 지났네.

그녀는 다시 그 자리를 떠나 길을 건너기 시작한다. 길 건너 3층 높이의 낮은 서민 아파트가 보인다. 길을 건너 아파트 쪽으로 걸어가는 미자. 동네 할머니가 평상에 뭔가를 말리고 있다. 미자가 지나가며 말을 건다.

미자   뭐 말리세요?

그러나 할머니는 대꾸가 없다. 구지레한 동네 할머니의 옷차림과 미자의 화사한 외출복이 대조적이다.

미자   따님한텐 연락 있어요?
할머니   …….

할머니는 여전히 대꾸가 없지만, 미자는 정작 별로 신경 쓰지 않는 듯하다. 아파트 건물 안으로 들어가는 미자.

인서트. 버스 정류장 게시판에 붙은 시청 문화원의 행사 안내 포스터. '당신도 시인이 될 수 있습니다!'라는 글귀와 함께 '김용탁 시인 초청 문학 강좌'라는 제목을 볼 수 있다.

13. 미자의 집 (저녁/내부)

좁은 아파트 안에 요란한 음악 소리가 울려 퍼지고 있다. 십여 평 남짓 되는 좁은 아파트 내부는 가난하고 궁색한 살림살이 외에 벽에 걸린 크고 작은 액자들, 마른 꽃이나 각종 장식들, 달력에서 오려낸 것 같은 복사판 그림 등등이 집주인의 특이한 취향을 보여주고 있다. 문이 열리고 미자가 들어선다.

미자   욱이 왔어?

식탁 위에 가방을 놓고 작은 방으로 들어간다. 벽을 향해 침대에 누워 있는 아이가 보인다. 그녀의 외손자인 종욱이다. 그러나 돌아누운 등만 보인다.

미자   야, 왜 이렇게 음악을 크게 틀어놨니? 집 무너
         지겠다.

책상 위에 놓인 오디오의 음악을 끈다.

미자   (아이에게 다가가) 왜 그래? 어디 아파?

뭐라고 웅얼거리지만 잘 들리지 않는다. 다시 아이의 방을 나

오는 미자. 욕실로 들어간다. 옷을 벗어 문 밖으로 내놓고 문을 잠근다. 샤워 물소리가 들린다.

14. 미자의 집 (저녁/내부)

저녁. 미자가 욱에게 밥을 차려주고 있다. 욱은 이제 막 얼굴에 여드름이 나기 시작한 열여섯 살 된 소년이다. 밥을 먹으면서도 눈은 TV에 가 있다.

미자	너 낮에 할머니가 전화했는데 왜 안 받았니?
종욱	전화 안 왔는데?
미자	안 오긴 왜 안 와? 두 번이나 했는데…….
종욱	진짜 안 왔어요. (사이) 핸드폰이 고물이라 그래요. 핸드폰 좀 바꿔 주세요. 진짜 핸드폰 짜증 나.
미자	핸드폰 산 지 얼마나 됐다고 벌써 바꾸냐?
종욱	뭐? 일 년 반이나 됐는데…….
미자	뭐가 일 년 반이나 됐어?
종욱	2학년 때 샀거든요? 2학년 1학기 때.
미자	그러니까 니가 얼마나 저거를 했으면 핸드폰이 벌써 망가지냐?

그녀는 손으로 아이의 코를 잡아 흔든다. 아이가 아프다고 소
리를 지른다.

미자   어이구…… . 벌써 코밑은 시커매가지고…… . 하
         는 짓은 아직도 어린애야.

종욱   전화 왜 했는데요?

미자   뭐야…… . 니네 학교 여자애가 자살했다며? 강에
         뛰어내려갔고…… . 그래서 물어볼려고 그랬지.

종욱   뭘 물어봐?

미자   걔가 어떤 앤지, 왜 자살을 했는지…… . 앞길이
         구만리 같은 애가…… .

종욱   나 걔 잘 몰라요.

미자   이름이 뭔데?

종욱   할머니가 걔 이름 알아서 뭐 하게?

미자   너하고 같은 3학년이라며?

종욱   같은 학년이라도 모르죠.

잠시 말이 끊긴다. 사이.

미자   할머니가 핸드폰 살 돈이 어딨니? 엄마한테 얘
         기해라.

종욱   뭐야? 치사하게!

15. 공터 (밤/외부)

아파트 앞의 공터. 밤이지만 가로등이 켜져 있어서 어둡지 않다. 평상에 앉아 이야기하고 있는 사람들, 한쪽에서 훌라후프를 하며 놀고 있는 아이들도 보인다.
미자와 욱이 배드민턴을 치고 있다. 미자는 한 번 칠 때마다 끙끙 소리를 내면서 열심히 치는 반면에 욱은 별로 흥미가 없는 듯 심드렁하게 치고 있다.

미자   야! 좀 성의 있게 쳐!
종욱   아, 재미없어.
미자   그래도 잘 좀 쳐봐. 할머니, 병원에서 운동하라
            고 했단 말이야.

계속 배드민턴을 치는 두 사람. 잠시 어두운 허공에서 하얀 셔틀콕이 왔다 갔다 날아다닌다.
어디선가 핸드폰 신호음이 들린다. 배드민턴을 치다 말고 욱이 주머니에서 핸드폰을 꺼내 들여다본다. 문자가 온 모양이다. 버튼을 눌러 메시지를 읽고 자기도 메시지를 보낸다. 미자는 그러는 아이를 보며 기다리고 서 있다. 그런데 아이가 땅바닥에 라켓을 놓고 돌아선다. 미자가 소리친다.

미자	야, 너 뭐 해? 야, 어디 가?
종욱	친구 만나러 가야 돼!
미자	이 밤중에 가긴 어딜 가?

그러나 욱은 대답 없이 길 쪽으로 뛰어간다. 미자, 그 자리에 선 채 뛰어가는 어둠 속에 묻혀가는 욱의 뒷모습을 보고 있다.

16. 문화원 앞 (낮/외부)

오전의 햇살이 비치는 문화원 앞. 미자가 누군가와 전화 통화를 하면서 걸어가고 있다.

미자	전기 요금 이번 달에 많이 나왔어. 욱이가 맨날 컴퓨터 하고 음악 틀어놓고……. 잠자면서도 음악 틀어놓고 자잖아. 무슨 야단을 쳐? 아이고, 내가 말을 말아야지. (소리 내어 웃는다.) 상전이야, 상전. 응? 문화원. 시 배울라고……. (또 웃는다.) 응? 맞아. 내가 시인 기질이 좀 있지. 꽃도 좋아하고……. 이상한 소리도 잘하고? (소리 내어 웃는다.)

그녀는 문화원 건물로 들어간다. 그리 크지 않은 3층 건물 앞에는 '김용탁 시인 초청 문학 강좌'라고 쓰인 현수막이 걸려 있다.

17. 사무실 (낮/내부)

그리 크지 않은 문화원 사무실에 몇 명의 여직원들이 앉아 일을 하고 있다. 열려 있는 문으로 미자가 들어온다.

미자	저기 문학 강좌 좀 들으려고 왔는데요…….
여직원1	문학 강좌요? 그거 신청 마감했는데…….
미자	마감된 줄은 아는데……. 그래도 신청 좀 받아 주시면 안 돼요?
여직원1	어쩌지…….
미자	꼭 듣고 싶어서 그래요.
여직원1	(난감한 듯 옆 직원을 보며) 이분, 어떻게 해?

여직원들이 어떻게 할까, 하는 표정으로 서로를 쳐다본다.

18. 강의실 (낮/내부)

창문으로 햇살이 잘 들어오는 크지 않은 강의실에서 김시인
이 강의를 하고 있다. 그는 육십 대 초반으로 시골 초등학교
선생님 같은 인상이다. 수강생은 스무 명 정도인데, 대부분
삼사십 대의 여자들이고, 남자들도 대여섯 명 정도 보인다.
모두들 진지한 표정으로 김시인을 쳐다보고 있다.

김시인   시를 쓰기 위해서는 잘 봐야 돼요. 우리가 살아
          가는 데 제일 중요한 것은 보는 것이에요. (칠
          판에 큰 글씨로 '본다'라고 쓴다.) 본다. 보는 거죠.
          우리는 뭐든지 보고 살잖아요. 세상의 모든 것
          을 잘 보는 것이 중요해요. 자, 내가 여기 하나
          준비해온 게 있어요.
          (주머니에서 사과 하나를 꺼내어 들어 보인다.)
          이게 뭐죠?
수강생들   사과요.
김시인   예, 사과지요. 사과. 내가 일부러 사과를 준비해
          왔어요. 아주 준비성이 많은 선생이지요. (사람
          들 웃음) 다른 선생님들은 절대 이런 거 준비해
          오지 않아요.

문이 열리는 소리가 들린다. 김시인이 문 쪽을 돌아본다. 수강생들도 돌아본다.

미자가 조심스럽게 들어오다가, 당황한 표정으로 머리를 까딱하고 인사한다. 어디로 가야 할지 몰라 잠시 망설이다가 앞쪽으로 걸어와 빈자리에 앉는다. 김시인은 그녀가 자리에 앉을 때까지 기다렸다가 다시 말을 계속한다.

김시인   자, 이 사과! 여러분들은 지금까지 사과를 몇 번이나 봤어요?

수강생들은 말이 없다.

김시인   천 번?
          (누군가 작은 소리로 "만 번"이라고 말한다.)
          만 번? 백만 번? (수강생들을 바라보며 심각한 표정으로 고개를 젓는다.)
          틀렸어요. 여러분들은 지금까지 사과를 한 번도 본 적이 없어요. 한 번도!

무슨 소린가 하고 열심히 쳐다보는 수강생들.

김시인   지금까지 여러분은 사과를 진짜로 본 게 아니에요. 사과라는 것을 정말 알고 싶어서, 관심을 갖고, 이해하고 싶어서, 대화하고 싶어서 보는 것이 진짜로 보는 것이에요. 오래오래 바라보면서 사과의 그림자도 관찰하고, 이리저리 만져보면서 뒤집어도 보고, 한입 베어 물어도 보고, 사과에 스민 햇볕도 상상해보고, 그렇게 보는 게 진짜로 보는 것이에요. 무엇이든 진짜로 보게 되면 뭔가 자연스럽게…… (가슴에 손을 얹으며) 느껴지는 것이 있어요. 샘에 물이 고이듯이. 종이와 연필을 들고 그 순간을 기다리는 거예요. 흰 종이의 여백. 순수한 가능성의 세계. 창조 이전의 세계. 시인에게는 그 순간이 좋아요. 그 깨끗한 종이에 연필을 들고……. 나는 연필을 너무 좋아해요. 연필심을 잘 깎아서 흰 종이 위에 딱 놓으면 배가 부른 것같이 뿌듯해요. 막 설레고……. 뭔가 좋은 시가 쓰여질 것 같고……. 연필 깎는 게 너무 좋아요. 연필은 깎는 재미야.

미자 (열심히 듣고 있다가 불쑥 말한다.) 나도 연필 잘 깎았는데…….

김시인 (말을 끊고 미자를 쳐다본다.) 예?

미자 나도 어릴 때 연필 잘 깎는단 소리 들었어요. 우리 언니 오빠들 연필 내가 다 깎아줬어요.

김시인   아, 그래요?

김시인은 엉뚱한 말로 자신의 강의를 방해하는 그녀를 좀 난
감하다는 눈으로 쳐다본다. 그러나 그는 너그럽게도 농담으
로 이 상황을 넘기려 한다.

김시인   그럼 선생님, 언제 제 연필도 한번 깎아주세요.

사람들이 웃는다. 미자도 웃는다. 그녀는 강사가 자신을 '선
생님'이라고 불러준 것이 기분 좋은 것 같다.

김시인   자, 여러분. 이 강의를 들으면서, 한 달간의 강
          좌가 끝날 때까지 시를 한 편씩 쓰도록 하세요.
          아시겠죠? 시를 한 편씩 써야 합니다. 써봐야
          알게 돼요. 써보지 않으면 몰라. 그러니까 직접
          시를 한 번씩 써보는 거예요. 전에 시를 한 편이
          라도 써보았던 분……?

몇 사람이 손을 든다.

김시인   그럼 난생 시를 한 번도 안 써보신 분들……?

사람들이 웃으면서 손을 든다. 미자도 손을 든다.

김시인   예, 알겠습니다. 여러분들도 이제 시를 한 번씩
               써보는 거예요. 난생처음으로 한 번씩 써보세
               요. 아시겠죠?
수강생들   네.

시인을 바라보는 미자의 얼굴. 뭔가 약간 들뜬 것 같다.

19. 미자의 집 (밤/내부)

싱크대 작은 창으로 바람에 흔들리는 나무가 보인다. 미자가
몸을 굽혀 싱크대의 설거지통을 들여다본다. 그리고 좁은 거
실을 혼자 왔다 갔다 하면서 뭔가를 골똘하게 바라본다. 그녀
는 집 안에 있는 물건들을 관찰하고 있는 중이다. 김시인의
말대로 주위에 있는 물건들을 '잘 보면서' 시상(詩想)을 느끼
려는 것이다. 냉장고에 붙은 포스트잇이나 팬지꽃 화분, 식탁
위에 놓인 자잘한 물건 등을 심각한 표정으로 바라보고 있는
미자. 그런 그녀의 모습은 약간 우스꽝스럽게 보이기도 한다.
그녀는 식탁 위의 사과를 손으로 들고 수업 시간의 김시인처
럼 꼼꼼하게 관찰하기 시작한다.

초인종이 울린다. 고개를 들어 현관문 쪽을 쳐다보는데, 방문이 열리고 욱이가 나온다.

미자	누구야?
종욱	친구들.
미자	친구들이 왜 와? 이 밤중에……. 지금 몇 신데?
종욱	얘기할 게 있어 그래.
미자	무슨 얘기를 해, 이 밤중에……? 낮에 그만큼 붙어 있었으면 됐지!

욱이 문을 열어주자, 아이들이 들어온다. 한 놈 두 놈 들어오더니 다섯 놈이나 된다. 욱이와 늘 붙어 다니는 그놈들이다. 아이들은 들어오면서 그녀에게 꾸벅꾸벅 인사를 한다. 아이들은 줄줄이 욱이 방으로 들어간다.

인서트. 식탁 위에 놓인 사과 하나.

한 손에 과도를 들고 그 사과를 진지하게 바라보는 미자. 그녀는 아이의 방으로 가서 문을 연다. 그러나 문은 안으로 잠겨 있다. 그녀가 손잡이를 흔들며 소리친다.

미자	왜 문을 잠갔어?

손잡이를 흔들고 문을 두드리자, 욱이 반쯤 문을 열고 머리를 내민다.

종욱   (짜증스레) 왜?

열린 문틈으로 좁은 방에 우글우글 모여 있는 아이들이 보인다. 보통 때 같으면 컴퓨터나 들여다보면서 킬킬거리고 있었을 텐데, 왠지 분위기가 평소 같지 않다.

미자   뭐 한다고 문은 잠그냐? 너희들 배 안 고파? 사
           과 깎아줄까?
종욱   몰라. 왜 귀찮게 해? 짜증 나.

아이는 다시 문을 닫고, 그녀는 식탁에 앉아 사과를 깎기 시작한다.
껍질이 벗겨지면서 하얀 속살이 드러나는 사과. 먹음직스럽다. 그녀가 혼잣말을 한다.

미자   사과는 역시 보는 것보다 깎아 먹는 거야.

깎은 부분을 냉큼 베어 먹는 그녀. 맛있다.

20. 큰 나무 (낮/외부)

동네에 있는 큰 나무 한 그루. 미자가 그 아래 평상에 앉아 나무를 올려다보고 있다. 바람에 나뭇잎들이 흔들린다. 햇살이 나뭇잎들 사이로 반짝인다. 그 모습을 꼼짝도 않고 올려다보고 있는 미자.
'씬 12'의 동네 할머니가 다가와 이상하다는 듯이 미자를 보고, 나무를 올려다본다.

할머니   뭐 보고 있어요?

미자   나무요.

할머니   나무는 왜 봐?

미자   나무를 잘 보려구요. 나무를 보고, 느끼고, 나무가 무슨 생각하나, 내게 무슨 말을 거나 들어보려구요.

할머니는 도무지 무슨 소리를 하나 싶은 표정으로 미자를 보더니, 가버린다. 여전히 나무를 보고 있는 미자. 핸드폰이 울린다.

미자   여보세요? 누구요……? 기범이 아버지요? 아, 네……. 기범이 잘 알죠. 우리 욱이하고 맨날 어울려 다니는 친구……. 네, 그럼요. 어제도 우리 집에 왔었는데……. 그런데 왜요? 무슨 일이 있어요? 어……, 지금은 안 되는데요……. 저, 시 배우러 가야 되거든요. 시요, 시……. 끝나는 시간은 열두 시요. 문화원이요. ……네, 네, 그럼 그때 봐요.

인서트. 바람에 흔들리는 나뭇잎들.

21. 강의실 (낮/내부)

문화원 강의실에서 김용탁 시인이 한창 강의를 하고 있다.

김시인   시를 쓴다는 것은 아름다움을 찾는 일이에요. 아시겠어요? 우리 눈앞에 보이는 것들, 이 일상의 삶 속에서 진정한 아름다움을 찾는 겁니다. 진정한 아름다움. 그냥 겉만 아름다워 보이는 것이 아니에요. 여러분들은 다 가슴속에 시를 품고 있어요. 시를 가두어두고 있는 거예요. 그걸 풀어줘야 해요. 가슴속에 갇혀 있는 시가 날개를 달고 날아오를 수 있도록…….

김시인이 문득 말을 끊는다. 미자가 손을 들고 있다.

미자   선생님, 시상은 언제 찾아와요?

김시인   시상이 언제 오냐고요?

미자   네, 아무리 시상을 얻으려고 해도 도무지 오지
          않아요. 언제 시상이 오는지 좀 알았으면 좋겠
          어요.

김시인   시상은 찾아오지 않아요. 내가 찾아가서 빌어야
          돼. 사정을 해야 돼. 그래도 줄 동 말 동 해요. 그
          게 얼마나 귀한 건데 함부로 주겠어요? 그러니
          까 내가 막 찾아가서 사정을 해야 돼.

미자는 보일락 말락 고개를 끄덕인다. 그래도 못내 미진한 듯
묻는다.

미자   어디로 찾아가요?

시인은 순간적으로 말문이 막힌다. 그리고 약간 짜증이 나는
것을 참으려 한다.

김시인   그거……. 그거는……. 어디를 정해놓고 찾아가
          는 것이 아니고……, 그냥 찾는 거예요. 돌아다

니면서…… 시상이 어디 나 여기 있소, 하고 문
패를 걸어놓고 기다리고 있겠어요? 분명한 거
는 내 주변에 있다는 거야. 멀리 있지 않고…….
지금 내가 있는 자리, 거기서 얻는 거예요. 내가
얘기했죠? 설거지통 속에도 시가 있다고…….

시인의 말을 듣고 있는 미자의 얼굴. 뭔가 해답을 찾으려고
애쓰는 것 같은 표정이다.

22. 문화원 앞 (낮/내외부)

문화원 건물 입구. 수업을 마치고 나오는 사람들과 함께 미자
가 건물을 나온다. 그녀는 핸드폰으로 누군가와 통화를 하고
있다.

미자   어디 계세요? 깜빡이요?

주위를 둘러보는 그녀. 짧은 경적 소리가 들린다.
건물 맞은편 길가에 깜빡이를 켜둔 승용차가 보인다. 기범이
아버지(사십 대 중반)가 차 문을 열고 나온다.

기범부	안녕하세요? 박종욱이 할머니 되시죠?
미자	기범이 아버지세요?
기범부	예, 우선 타실래요?
미자	어디 가는데요?
기범부	우리 애들이 같이 어울려 다니는 친구가 여섯 명 있잖아요? 그 여섯 명 학부형들이 모여서 점심 식사를 같이 하기로 했어요. 저하고 같이 가시면 돼요. 타세요.

기범이 아버지가 운전석에 타고 미자는 그 옆자리에 탄다.

23. 차 안 (낮/내부)

차를 출발시키며 기범이 아버지가 그녀를 돌아본다.

기범부	거기서 무슨 강의를 들으시는데요?
미자	예, 시 배우고 있어요. 일주일에 두 번씩…….
기범부	시? 시조창 하는 거요?
미자	(웃으며) 아니……, 시 쓰는 거요.
기범부	(사이) 시를 왜 배우세요?
미자	(소리 내어 웃는다.) 그러게요? 내가 시를 왜 배

울까요? (자기가 생각해도 우습다는 듯 다시 소리
내어 웃는다.)

옛날에 국민학교 3학년 때였나? 그땐 가을 되
면 백일장 같은 거 하고 그랬잖아요? 백일장에
서 내가 쓴 거를 보고 선생님이 '미자야, 너 나
중에 시인 되겠다!' 그랬거든요. 근데 얼마 전
에 길에서 문학 강좌 포스타를 봤는데, 갑자기
딱 그 생각이 나는 거예요. 오십 년 전에 우리
선생님이 했던 말…….

기범부 그래서 시인 되실라고요?

미자 (또 웃는다.) 지금 내가요, 시 한 편 쓰는 게 목표
예요. 우리 선생님이 강좌 끝날 때까지 시 한 편
써야 한대요. 내가 그 말 했더니, 우리 딸이, 엄
마 원래 시인 기질이 있대. 내가 원래 꽃 좋아하
고 가끔 이상한 소리 잘한다고……. (웃음이 터
진다.)

기범부 딸이 욱이 어머니죠? 지금 어디 사세요?

미자 지금 부산 살아요. 그래도 전화 자주 해요. 전화
로 뭐 오만 소리 다 해요, 우리 딸하고 나하고는
친구예요. 영원한 친구…….
(그리고 기범이 아버지를 쳐다보며 묻는다.)
근데 도대체 무슨 일이에요?

기범부	(왠지 잠시 대답이 없다가 이윽고) ······하여튼 가
	보세요. 가서 이야기 들어보시면 아실 거예요.
미자	(표정이 불안하게 굳어진다.) 좋은 얘기 아니죠?
	그죠? 분위기가······.
기범부	······예, 좋은 얘기 아니죠.

24. 식당 안 (낮/내부)

강이 내려다보이는, 제법 전망이 좋은 어느 식당.
넓은 통유리 창이 있는 방에 사람들이 모두 모여 있다. 창을
통해 식당 마당이 보이고, 마당 너머에는 강이 보인다. 미자
를 제외하고는 모두 다 사십 대 정도로 보이는, 욱이 친구들
의 아버지다. 구석 자리에 앉은 미자는 조금 어색하고 불편하
다. 그들은 서로 명함을 교환하며 인사한다. 그들 중에는 서
로 아는 사람도 있고, 오늘 처음 만나는 사람들도 있다.
종업원이 식사 주문을 받고 있다. 보아하니 이 집은 순창이
아버지가 잘 아는 집인 모양이다.

순창부	사장님 오늘 안 보이시네.
종업원	오늘 사장님이 일이 있으셔가지고 서울 가셨습
	니다.

시 *Poetry* 각본집

순창부	아, 오늘 안 나오세요?
종업원	예.
순창부	아…….

병진이 아버지는 농협 직원이고, 순창이 아버지는 부동산 중개사 겸 펜션 사장이란다. 사람들이 해물탕을 둘 시킬 건지, 해물탕은 하나를 시키고 아구찜을 하나 시킬 것인지를 가지고 설왕설래를 하고 있다. 종철이 아버지는 상수도 사업소 직원이어서 얼른 점심을 먹고 사무실로 들어가 봐야 하는 모양이다.

기범부	매운탕 대짜 하나 하고 아구찜 하나 합시다. 맥주부터 줘요.

종업원이 나가자, 방 안에는 잠깐 어색한 침묵이 감돈다.

종철부	(순창이 아버지에게) 저 그럼 먼저 순창이 아버님이 이야기를 시작하시죠.
병진부	저……. 술이라도 오면 하죠. 분위기도 좀 팍팍한데…….
태열부	아 지금 술이 꼭 필요해요? 시간 없는데 빨리 시작하시죠?

한쪽 구석에 말없이 앉아 있는 미자. 그녀는 자신이 왜 이런 자리에 불려 나와 앉아 있는지 이해할 수 없지만, 점점 알 수 없는 불안감이 커가는 것을 떨쳐버릴 수가 없다.

순창부   그럼 제가 이야기할까요? 먼저 사건 개요를 간
         단히 말씀드리겠습니다. 모르시는 분도 계시니
         까……. 얼마 전에 서중학교 3학년 여자아이가
         자살을 했습니다. 이름이 박희진이고, 부모는
         농사를 짓고 있고, 집은 반곡면이고……. 그런
         데 걔가 일기장에 죽기 몇 달 전부터 같은 학교
         남학생 여섯 명한테 성폭력을 당해왔다고 써놓
         았다고 합니다.

순창 아버지의 이야기를 듣고 있는 동안 미자의 얼굴이 점점 굳어진다. 기범이 아버지는 방문을 살짝 열어두고 밖을 내다 본다. 누군가 이야기를 엿들을까 경계하는 것 같다. 술을 갖 고 들어오려는 종업원에게 들어오지 말라는 손짓을 하고 자 기가 나가서 맥주병을 담은 쟁반을 들고 들어온다. 그동안에 도 순창이 아버지의 말은 계속된다.

순창부   여자애 부모가 일기장 보고 학교에 알린 모양이
         고, 학교에서 아이들 불러다 놓고 조사를 한 모

양인데, 여섯 명이 다 사실이라고……. 실토를
했다는데, 뭐 틀림없는 것 같습니다. 처음에는
두 놈이, 권순창이, (한 손을 들며) 우리 집 앱니
다, 그리고 김종철이하고…….

종철부 (한 손을 올리며) 우리 집 앱니다.

순창부 두 놈이 시작했다가, 시간이 지나면서 같이 친
하게 어울려 다니던 여섯 놈이 다 가담하게 되
었답니다. 처음에는 강제로 한 거 아니라고, 즉
여자애도 좋아서 했다고 하는데…….

태열부 그 얘길 누가 믿겠어요? 그리고 지금 와서 그런
이야기를 해봐야 욕밖에 더 듣겠어요?

순창부 (태열부의 핀잔에 화가 나지만, 참는다.) 예, 옳으
신 말씀입니다.

이야기가 오가는 동안 미자는 점점 충격을 받은 듯하다. 그러
나 내색하지 않고 있다. 그런 그녀에게 기범이 아버지가 맥주
를 따른다.

기범부 레이디 퍼스트……. (미자가 거절하는 손짓을 하
자) 받아만 두세요.

마지못해 술잔을 들어 술을 받는 미자.

종철부	알아보니까 여자애가 키도 작고, 생긴 것도 그렇고 그렇게 생겼다던데 애들이 뭘 보고 그랬는지 이해가 안 가요.
태열부	키 크고 이쁘면요?
병진부	그런데 학교 어디서 그런 짓을 하죠? 육 개월씩이나…….
순창부	과학 실습실에서 했대요. 구태열이가 과학반 반장이라서 열쇠를 가지고 있었답니다.
태열부	(고개를 숙인 채 손을 들며) 우리 집 앱니다.

자기 아이 이름이 나올 때마다 손을 드는 사내들의 모습이 조금 우스꽝스럽다.

기범부	과학 실습실이 학교 저쪽 구석에 있는데, 수업도 없고, 선생님도 잘 안 가고 그래서 아무도 몰랐던 모양이에요.
순창부	죽은 애도 죽은 애지만, 안됐지만……. 이제 우리 애들을 어떻게 할 것인가 고민해야 될 때고……. 그래서 이렇게 한자리에 모이자고 한 겁니다. 절대로 행동 통일해야 하니까.
병진부	예, 맞아요. 행동 통일해야죠.

마치 행동 통일을 위해 건배라도 할 듯 모두 술잔을 든다.

기범부   (미자를 돌아보며) 욱이 할머니도 짠 한번 하시죠.

마지못해 술잔을 드는 미자와 술잔을 부딪치는 기범이 아버지.
그러자 모두 술을 한 모금씩 들이켠다. 미자는 그대로 몸이 굳
어 있다. 그녀는 이 모든 이야기들이 믿기지 않는 것 같다.

태열부   애 부모가 농사를 짓고 있다고요?

기범부   예, 애 아빠가 몇 년 전에 오토바이 사고로 세상
            을 떴대요. 그래갖고 애 엄마 혼자서 남매를 키
            우고 그랬나 보더라고요.

순창부   이 애 엄마를 달래야 합니다. 뭐 다행히 아직
            다른 데는 이야기하지 않은 모양인데, 그래도
            뭐, 무슨 생각을 하고 있는지는 아직 모르는 거
            고……. 어쨌든 피해자 쪽을 위로하기 위해서
            는…….

자리에서 일어나는 미자. 방문을 열고 밖으로 나간다. 사람들
은 모두 그녀를 쳐다보지만, 이야기를 계속한다.

종철부   결국, 위자료네.

순창부   위자료죠. 이 위자료 문제도 우리가 이 자리에
         서 합의를 봐야 하는데, 학교 선생님들하고도
         이야기했는데 한 삼천만 원 선은 돼야 하지 않
         을까……. 그러니까 일 인당 오백만 원이죠.
태열부   그럼 이 이야기를 누가 누가 알고 있습니까?
순창부   학교 교장 이하 선생들 몇 사람, 경찰도 한 두어
         명……. (기범부에게) 그 정도죠?
기범부   네. 학교와 경찰에는 이야기가 잘되고 있는 편
         입니다. 학교에서도 이런 문제가 밖으로 새어
         나가는 걸 원치 않고, 경찰에서도 피해자가 고
         소하지 않는데 먼저 수사하기는 껄끄러워하
         는 사건이거든요. 근데 문제가, 이게 언론 쪽인
         데……. 지방지 한 군데에서 뭔가 냄새를 맡았
         는지 자꾸 학교 쪽으로 전화를 해서 꼬치꼬치
         캐묻고 그랬다고 하더라고요.

순창이 아버지가 이야기하는 동안 마당으로 난 통유리 창을
통해 주차장 마당으로 들어서는 미자가 보인다. 그녀는 혼자
화단의 맨드라미꽃을 들여다보고 있는 것 같더니 수첩에 뭔
가 쓰고 있다.

순창부   아유, 요즘 지방지가 더 무서워요. 입조심해야 돼

요. (창밖을 보며) 저 양반 저기서 뭐 하는 거지?

그 말에 모두 창밖을 본다.

종철부	참 개념 없는 할머니네. 지금 상황이 무슨 상황인데 저러고 있나, 그래?
병진부	종욱이 할머니라고 했어요? 부모가 없이 혼자 키우는가 봐요, 할머니가?
기범부	종욱이가 외손잔데, 종욱이 엄마가 이혼하면서 애를 맡겨놓고 부산인가 산대요. 저렇게 보여도 어렵게 사나 봐요. 생활보호 대상자로 보조금 받고, 파출부 하고……. 눈치를 보니까 딸이 생활비도 잘 안 보내주나 봐요.
종철부	그럼 오백만 원을 어떻게 하나?
병진부	그건 내야죠. 손자 장래가 걸린 문젠데.

25. 식당 마당 (낮/외부)

기범이 아버지가 식당 건물에서 나와 미자에게 다가간다. 그녀는 화단 옆에 쪼그리고 앉아 수첩에 뭔가 쓰고 있다.

기범부	(약간 장난스럽게) 욱이 할머니, 시 쓰고 계세요?
미자	그냥 메모……. 항상 이렇게 메모를 해야 한대요.
기범부	(호기심 어린 표정으로 수첩을 건너다본다.) 뭐라고 쓰셨는데요?
미자	피……. (웃는다.) 피같이 붉은 꽃이라고요.
기범부	진짜 피같이 붉네.
미자	맨드라미 꽃말이 뭔지 아세요? 방패래요. 방패같이 생겼잖아요. 우리를 지켜주는 방패…….

미자의 얼굴을 말없이 보는 기범이 아버지. 사이.

기범부	들어가시죠. 들어가서 식사하셔야죠.

그러나 미자는 그 자리에 그대로 서서 맨드라미만 보고 있다.

26. 미자의 집 (밤/내부)

부감으로 보이는 TV 화면. 떠들썩한 오락 프로를 하고 있는 중이다. 왁자한 웃음소리가 들린다.

저녁 식사 준비를 하다가 선 채로 TV를 보고 있는 미자. 욱이도 식탁에 앉아서 몸을 돌려 TV를 보며 웃고 있다. 가스레인지에 올려놓은 냄비가 끓는다. 미자가 냄비 뚜껑을 열고 주걱으로 몇 번 휘저은 뒤, 카레를 붓는다. 다시 주걱으로 저어서 접시에 담아 식탁으로 가져간다. 종욱이 음식을 보고 볼멘소리를 한다.

종욱   아, 또 카레야!
미자   왜? 너 카레 좋아하잖아.
종욱   학교에서 점심시간에 카레 먹었단 말이야.
미자   그랬냐? 난 몰랐네.

그래도 아이는 카레를 비벼 밥을 먹는다. 시선은 여전히 TV에 두고 있다. 미자도 싱크대에 기대어 선 채 말없이 TV를 보고 있다. 두 사람은 말없이 TV만 보고 있다.

27. 미자의 집 (아침/내부)

아침. 방에서 바쁘게 튀어나오는 욱. 가방을 들고 아파트 현관으로 달려간다. 미자가 그 뒤를 따라간다.

미자   너 체육복 넣었어? 오늘 체육 있는 날이잖아?

아이가 문을 열고 달려 나가면서 뭐라고 대답한다. 그러나 문
이 세차게 닫히는 소리에 제대로 들리지도 않는다. 미자, 잠
시 닫힌 문을 보며 서서 계단을 내려가는 급한 발소리를 듣고
있다가 거실 창 쪽으로 다가간다. 창문에 얼굴을 바짝 붙이고
아래를 내려다본다.

28. 욱이 방 (아침/내부)

미자, 욱이의 방 문 앞에 서서 방 안을 본다. 언제나처럼 좁은
방 안은 어수선하게 어질러져 있다. 희미한 음악 소리 같은
것이 들려온다. 아마도 욱이 음악을 끄지 않고 나간 모양이
다. 이윽고 천천히 방 안으로 들어선다. 벽에 붙은 게임 포스
터, 아이돌 가수의 브로마이드, 벗어놓은 옷들이 흩어진 작은
침대, 컴퓨터가 켜진 채로 있는 책상 등 언제나 보던 그 광경
이지만, 오늘따라 마치 알 수 없는 세계로 들어온 것 같다. 마
치 뭔가를 찾아내려는 사람처럼 그녀는 조심스럽게 방 안을
둘러본다.
이윽고 책상 앞으로 다가가는 그녀. 음악 소리가 계속된다.
공책 하나를 집어 들고 종이를 넘겨본다. 책상 서랍들을 열어
보고 들춰보지만, 별것이 없다. 그녀는 자신이 뭘 찾으려는
지조차 모르고 있다는 사실을 깨닫는다. 책상 서랍을 닫으려

다가 컴퓨터 자판을 손으로 짚는다. 음악 소리가 커진다. 아
우성을 지르는 듯한 록 음악이다. 아마도 컴퓨터 음악을 켜놓
은 모양인지 모니터엔 기묘한 형태의 음파 모양이 나타난다.
그녀는 문득 그 파장이 기괴하게 느껴져 자기도 모르는 두려
움으로 컴퓨터 자판을 급하게 두드린다. 그러자 음악 소리가
점점 커진다. 더욱 알 수 없는 두려움에 사로잡혀 정신없이
자판을 두드릴수록 음악은 더욱 커진다.
마침내 그녀는 컴퓨터의 전원을 끈다. 어두워지는 모니터. 그
위에 그녀의 얼굴이 비친다. 핸드폰 벨이 울린다.

29. 거실 (아침/내부)

욱이 방에서 나온 미자, 식탁 위에 놓여 있는 전화기를 든다.

미자   여보세요? 예……. 안녕하세요? 예? 학교 교감
           선생님하고요? 네……, 몇 시인데요?

30. 카페 (낮/내부)

어느 카페의 구석 자리. '씬 24'의 학부형들이 모여 앉아 있

고, 학교 교감과 학생주임이 자리를 함께하고 있다. 낮이라 카페 안에는 다른 손님이 거의 보이지 않는다. 교감이 낮은 소리로 이야기하고 있고, 공손하게 경청하고 있는 학부형들 사이에 미자의 모습도 보인다.

교감   학교 내에서도 아는 사람이 몇 안 됩니다. 저하
　　　 고, 여기 학생주임 선생님. 그리고 박희진이, (목
　　　 소리를 더욱 낮춰서) 그 죽은 여학생 담임만 알고
　　　 남자애들 담임들도 모릅니다. 제가 희진이 담임
　　　 선생님한테 절대 단도리를 해뒀거든요. 아이들
　　　 장래도 그렇고……. 학교가 난리가 난다고…….
　　　 그러니까 여러분들도 절대 말이 새지 않도록 해
　　　 야 합니다.

기범부   저희 걱정은 안 하셔도 됩니다, 교감 선생님. 아
　　　 이들 인생이 걸렸는데, 우린 절대로 조심하지요.

교감   네, 잠꼬대라도 하시면 안 됩니다. 그리고 무엇
　　　 보다 여학생네 가족하고 빨리 합의를 봐주셔야
　　　 되고요. 합의금은 어떻게 하기로 하셨죠?

순창부   예, 여러 가지로 고려해서 일 인당 오백씩, 삼천
　　　 만 원으로 하기로 했습니다. 그 정도면 적절한
　　　 수준이 아닐까 싶네요.

교감   예, 삼천……. 합의금은 다 동의를 하신 거죠?

순창부	예, 물론 동의했죠. 아직 준비가 안 돼서 못 내신 분은 있는데…….동의는 다 하셨죠.
교감	하여튼 여학생 가족을 만나서 빨리 해결하셔야 합니다.

기범부의 시선이 슬쩍 미자에게 향한다. 미자는 어두운 얼굴로 시선을 돌린다.

31. 성당 복도 (낮/내부)

성당 문으로 들어오는 미자. 바깥문과 성당 안으로 들어가는 문 사이에 있는 작은 복도에는 평일 낮이라 아무도 눈에 띄지 않는다. 작은 창문으로 햇빛이 들어오고 있긴 하지만 전체적으로 조금 어두워 보인다. 성당 안쪽에서 오르간 반주와 함께 음악 소리가 들려오고 있다. 그녀는 게시판 앞으로 다가간다. 게시판에 붙은 각종 안내문들.
그중에 A4 크기의 종이에 '박희진 아녜스의 위령미사'라고 쓰여 있는 것이 보인다. 카메라 틸트다운하면 게시판 앞에 나무 테이블이 놓여 있고, 테이블 위에는 작은 플라스틱 액자에 넣어진 어느 소녀의 사진이 보인다. 그 앞에는 촛불이 켜져 있고 누군가 갖다 놓은 몇 송이의 꽃들도 있다. 미자는 그 사진 속의 얼굴을 쳐다본다. 입술이 도톰하고 얼굴이 동그란 소녀가 그녀를 쳐다보고 있다. 미사를 시작하는 신부의 목소리가 들린다.

신부(O.S)   나는 마지막 날에 그들을 다시 살릴 것이다. 주님의 말씀입니다.

신자들(O.S) 그리스도님, 찬미합니다.

신부(O.S)   오늘 우리는 며칠 전에 이 세상을 떠난 박희진 아녜스를 위한 위령미사를 봉헌하고 있습니다.

출입구 유리문 쪽에서 보이는 성당 안. 미사를 올리고 있는 신부와 신자들의 모습이 보인다. 유리문에 비친 햇빛을 반사하는 성당 마당의 풍경 때문에 내부는 좀 어두워 보인다. 미자가 유리문을 열고 들어간다. 신부의 목소리는 계속된다.

신부(O.S)   열여섯 살 꽃다운 나이에 소중한 생명을 잃은 것이 한없이 슬프지만, 나를 믿는 사람은 살아서 죽더라도 영원히 살 것이라는 주님의 말씀을 믿기 때문에 야훼님께서 아녜스의 영혼을 달래서 이 세상에서 누리지 못한 행복을 하느님 나라에서 영원히 누릴 것을 우리는 믿고, 아녜스를 위해서 기도하는 것입니다.

32. 성당 안 (낮/내부)

성당 안으로 조심스럽게 걸어 들어오는 미자. 뒤쪽 자리에 앉아 앞을 바라본다. 신부가 제단 앞에 서서 위령미사를 주재하고 있고, 유족과 다른 참석자들이 일어나서 함께 기도하고 있다. 넓은 성당 안에 참석자들은 별로 없어서 썰렁한 느낌을 준다. 미자는 뒷자리에 몸을 숨기듯 혼자 앉은 채 그들의 미사를 지켜보고 있다.

신부   그동안 아녜스가 당했던 고통을 하느님께서 다 감싸주시고 안아주셔서 하느님 나라에서 영원한 생명을 누릴 것을 우리는 믿습니다. 우리는 한마음으로 아녜스를 위해서 신자들의 기도를 정성스럽게 바치겠습니다. 모두 일어나십시오.

자리에서 일어나는 신자들. 그러나 미자는 자리에 그대로 앉아 있다. 신부의 기도가 시작된다.

신부   성자 그리스도를 죽은 이들 가운데서 부활시키신 하느님 아버지께 아녜스의 구원을 위하여 기도합시다. 세례 성사로 일찍이 영원한 생명의 씨를 받아 간직하고 세상을 떠난 아녜스를 성인들 대열에 들게 하소서.

신자들   주님, 저희의 기도를 들어주소서.

신부   영원한 생명의 양식인 그리스도의 성체를 받아
모시다가 세상을 떠난 아녜스를 위하여 주님께
간절히 청하오니, 그를 부활시켜 당신 품에 들
게 하소서.

신자들   주님, 저희의 기도를 들어주소서.

문득 고개를 돌려 옆을 보는 미자. 통로 너머의 같은 줄에 여
자아이들 두어 명이 서 있는 것이 눈에 띈다. 희진의 친구처
럼 보이는 중3 정도의 소녀들이다. 그중 한 아이가 고개를 돌
려 미자를 보고 있다. 시선을 피하듯 고개를 돌리는 미자. 미
사는 계속된다.

신부   사랑하는 아녜스를 잃고 슬퍼하는 가족과 친척,
친지들을 위하여도 기도하오니 그들에게 위로
와 평화를 주소서.

신자들   주님, 저희의 기도를 들어주소서.

다시 조심스럽게 고개를 돌려 여자아이들 쪽을 돌아보는 미
자. 아까의 아이가 여전히 고개를 돌리고 그녀를 보고 있다.
다시 고개를 돌리는 미자. 그러다가 다시 여자아이를 본다.

여전히 이쪽을 보고 있는 아이. 시선을 피하는 미자.
앞을 보고 있다가 자리에서 일어난다. 쫓기듯 밖으로 나가는
미자.

신부   이 모든 기도를 우리 주 그리스도를 통하여 비
             나이다.
신자들   아멘.

33. 성당 복도 (낮/내부)

유리문을 열고 성당에서 나오는 미자. 밖으로 나가려다가 걸
음을 멈춘다. 다시 몸을 돌려 게시판 앞으로 다가오는 미자.
잠시 플라스틱 액자에 든 희진의 사진을 내려다보다가 액자
를 집어 든다. 액자 속의 희진의 얼굴을 보던 그녀, 문득 고개
를 들어 주위를 살피는가 싶더니 순간적으로 액자를 가방 안
에 집어넣는다. 그리고 다시 몸을 돌려 현관문을 열고 나간다.
성당 마당으로 나가는 미자. 아무렇지도 않은 듯 걸어 나가고
있으나 불안감에 사로잡혀 있다. 뒤쪽에서 사람들의 소리가
들리는 듯하자, 자신도 모르게 걸음이 빨라지더니 급기야 정
문 쪽을 향해 쫓기듯 뛰어간다. 마당으로 들어오던 어느 남자
와 부딪힐 뻔하지만, 정신없이 정문을 향해 뛰어간다. 이상하

다는 듯 그녀의 뒷모습을 돌아보는 남자.

34. 강노인의 집 (낮/내부)

강노인 집 거실. 욕실 문이 열려 있고, 강노인의 몸을 씻기고 있는 미자의 모습이 보인다. 욕조 안에 앉아 있는 강노인의 몸에 샤워기로 물을 뿌리고 난 뒤 비누칠을 하고 있다.

욕실 안. 강노인의 몸에 비누칠을 하고 있는 미자. 굳은 얼굴로 말이 없다.
그런 미자의 얼굴을 강노인이 눈치를 살피듯 쳐다보고 있다.
말없이 강노인의 몸을 씻기는 미자의 얼굴.

35. 거실 (낮/ 내부)

목욕을 마치고 새 옷으로 갈아입은 강노인이 보행기를 잡고 욕실을 나와 안방으로 걸어간다. 미자가 강노인을 부축해서 침대로 가는 동안 강노인이 미자에게 말한다.

강노인   ……오, 오늘 무, 무슨 일 있어?

미자	예?
강노인	무, 무슨 일 있냐고?
미자	아무 일 없어요. 왜요?
강노인	마, 말도 없고……. 맨날 종달새처럼 조알……. 종알대더니만…….
미자	내가 언제 종달새같이 종알댔어요?
강노인	(불편한 입놀림으로 우스꽝스럽게 종달새 흉내를 낸다.) 재, 재재재…… 재재재재…….

그러나 미자는 말없이 냉장고에서 주스를 꺼내 컵에 따른 뒤 강노인에게 내민다. 한 손으로 주스를 받아 든 강노인이 그녀를 쳐다본다.

강노인	어, 얼굴이 왜 그래? 화난 사람처럼……. 좀 우, 웃어봐…….
미자	웃으면 안 돼요.
강노인	왜?
미자	옛날에 내가 웃으면 웃지 마라 정든다, 남자들이 그랬거든요? 내가 웃으면 다 나한테 뽕 갔어요. 회장님도 내가 웃으면 뽕 가요.

흐, 흐, 흐, 하고 강노인이 웃는다.

36 욕실 (낮/내부)

욕실 세면대에서 걸레를 빨고 있는 미자. 얼굴과 옷이 땀에 젖어 있다. 청소를 끝내고 거울을 본다. 거울에 비친 그녀의 지친 얼굴. 그리고 욕실 문을 걸어 잠근 다음, 옷을 벗기 시작한다. 벗은 옷을 선반 위에 놓고 샤워기를 튼다. 샤워기의 쏟아지는 물줄기 속에서 그녀는 갑자기 울기 시작한다. 소리를 내지 않으려 하지만, 그녀의 울음은 걷잡을 수 없다.

37. 거실 (낮/내부)

욕실 밖 벽에 몸을 기대고 앉아 있는 강노인. 욕실 안의 샤워하는 물소리를 몰래 엿듣고 있다.

38. 미자의 집 (밤/내부)

떠들썩한 오락 프로를 하고 있는 TV 화면. 방청객들의 왁자한 웃음소리가 들린다. '씬 26'처럼 말없이 TV를 보고 있는 미자와 욱. 욱이는 TV 앞에 앉아 있고, 미자는 부엌 쪽에 서 있다. 말없이 TV를 보고 있는 미자의 얼굴. 오락 프로그램이

끝나고 광고가 시작된다. 자리에서 일어나 자기 방으로 들어가는 욱. 그 자리에 그대로 서 있던 미자, 아이의 방으로 가서 문을 두드린다.

미자　　　이리 나와 봐!
　　　　　（대답이 없자, 큰 소리로）
　　　　　빨리!

이윽고 문이 열리고, 방에서 나오는 욱. 미자는 아이의 팔을 잡고 TV 앞으로 데리고 간다.

미자　　　여기 너 껍데기 벗어놓은 것 좀 봐. 먹던 과자
　　　　　껍질, 양말, 휴지, 리모컨……. 다 고대로 있다.
　　　　　할머니가 몇 번이나 이야기했어? 짐승도 자기
　　　　　흔적은 치운다고…….

욱이 말없이 바닥에 놓인 과자 껍질, 휴지 등을 줍는다.

미자　　　양말도!

양말까지 집어 든 욱이 쓰레기들을 휴지통에 넣고 욕실 문을 열어 양말을 세탁기에 던진 다음, 다시 자기 방으로 들어간

다. 문이 쾅 닫힌다. 그 자리에 그대로 서 있는 미자.

39. 미자의 집 (밤/내부)

시간 경과. 밤늦은 뉴스를 전하는 TV 화면.
혼자 앉아 TV를 보고 있는 미자. 꽤 늦은 시간인 것 같다. 이
윽고 리모컨으로 TV를 끈다. 정적에 사로잡히는 좁은 거실.
그 자리에 앉은 채 꼼짝 않고 있다가 아이 방 쪽을 바라본다.
사이. 이윽고 자리에서 일어나 아이의 방으로 다가간다.

40. 욱의 방 (밤/내부)

불이 꺼진 어두운 방. 그녀가 들어와 불을 켠다. 욱은 작은 침
대에서 몸을 웅크린 채 자고 있다. 그녀는 그 모습을 보다가
흔들어 깨운다.

미자   일어나, 일어나…….

욱이 눈을 뜨고 그녀를 쳐다본다.

미자   일어나. 할머니가 할 말이 있어.

욱은 얼굴을 찡그리고 몇 번 눈을 껌벅이는가 싶더니, 이불을
뒤집어쓰고 돌아눕는다. 그녀가 아이의 어깨를 잡고 힘주어
당긴다.

미자   일어나! 일어나라니까!

아이는 벽을 향해 돌아누운 채 꼼짝도 않는다. 마침내 그녀가
발작적으로 소리 지른다.

미자   왜 그랬어! 왜 그랬어!

그것은 울부짖음에 가깝다. 그제야 아이가 일어난다. 그리고
그녀를 멀거니 바라본다. 잠깐 침묵이 흐른다. 막상 아이가
일어나자, 그녀는 무슨 말부터 해야 할지 알지 못한다. 사이.
아이가 다시 이불을 뒤집어쓰고 눕는다. 그녀가 다시 이불을
잡아당긴다. 그러나 아이는 바위처럼 단단하게 웅크리고 있
다. 침묵 속의 투쟁이 계속된다. 울음이 터질 것처럼 그녀의
숨소리만 거칠게 들린다. 그녀는 필사적으로 안간힘을 쓰지
만, 그러나 도저히 이길 수 없다. 그녀가 기진해서 잠시 아이
를 보다가 이윽고 방을 나간다.

41. 미자의 집 (아침/내부)

다음 날 아침. 미자와 욱이 식탁에 앉아 아침밥을 먹고 있다. 두 사람 다 말이 없다. 사이. 욱이 숟가락을 놓고 일어나려 한다.

미자   왜 안 먹어?
종욱   밥 생각 없어.

그녀가 일어나는 욱의 팔을 잡는다. 욱이 그녀를 본다. 아이의 얼굴은 무표정에 가깝다.

미자   할머니가 세상에서 제일 좋아하는 게 뭐라고?
종욱   …….
미자   알아, 몰라?
종욱   알아.
미자   뭔데?
종욱   종욱이 입에 밥 들어가는 거.
미자   그렇지.

욱이 다시 자리에 앉아 숟가락을 들고 밥을 먹기 시작한다. 두 사람은 다시 말이 없다.

42. 강의실 (낮/내부)

시 강좌 수업이 진행되고 있는 강의실. 삼십 대 초반으로 보이는 한 여자 수강생이 앞에 나와 뭔가 이야기를 하고 있다. 한 사람씩 나와 발표를 하는 모양이다. 그녀의 뒤에 보이는 칠판에는 '내 인생의 아름다웠던 순간'이라는 글씨가 쓰여 있다. 발표자는 이런 이야기가 좀 수줍고 어색한 듯하다.

수강생1   어……. 제가 아주 어렸을 적 일인데요. 저희 집에 사정이 있어서 제가 외가댁에서 생활을 했었어요. 그래서 저한테는 할머니가 엄마예요. 저희 할머니가 노래를 되게 좋아하셨어요. 그런데 부를 줄을 모르시는 거예요. 맨날 일만 하구 그러다 보니까……. 노래 부를 줄을 모르셨는데……. 되게 어렸을 적, 저 국민학교 들어가기 전에……. 이만한 창호지 같은 거 있어요, 제사 때 쓰는 하얀 종이, 그런 거에다가 노래 가사를 다 적어놓고, 그런 다음에 젓가락 같은 걸로 이렇게 짚어가면서 저희 할머니한테 제가 노래를 가르쳐드렸던 기억이 있어요. 왠지는 모르겠지만, 그때가 저한테는 제일 아름다웠던 순간이었던 거 같아요.

김시인(O.S) 어떤 노래예요?

수강생1 (김시인 쪽을 돌아보며) 처녀 뱃사공이요…….
(문득 그녀의 눈시울이 붉어진다.) 저희 할머니께
서 작년에 돌아가셨거든요. 근데 저희 할머니
댁에 제가 놀러 갈 때마다 항상 노래를 불러드
렸던 기억이 나요……. (순간적으로 감정을 주체
하지 못한다.) 저희 할머니가 항상 불러달라고
저한테 말씀을 하셨었거든요……. 그래서 항상
앞에서 제가 불러드렸었습니다.

CUT TO
이번엔 사십 대 중반의 여자 수강생이 앞에 앉아서 이야기를
하고 있다.

수강생2 제가 좀, 아주 많이 늦게 결혼을 했어요. 그래서
첫 아이를 거의 마흔 가까이 돼서 낳게 됐거든
요. 근데 제가 워낙 노산에 초산이다 보니까 병
원에서는 계속 겁을 주는 거예요. 그렇게 열 달
끝에 진통이 시작 됐는데, 아후, 세상에, 태어
나서 그렇게 아픈 거 처음이었어요. 어쨌든 그
진통 끝에 아이가 태어났는데 그때 느낌이요.
음……. 꼭 햇님 같은 뜨거운 불덩어리가 미끈

덩 쑤욱, 하고 나오는 그런 느낌이었어요. 걔가
첫 울음을 터트리던 그 순간이 저한테는 참 아
름다운 순간이면서도 놀랍고 또 감격스런 순간
이었습니다.

CUT TO

사십 대 후반의 한 남자 수강생이 앉아 있다. 약간 생활에 지
친 듯한 얼굴이다.

수강생3   아무리 생각해도 아름다웠던 기억은 없었던 것
같습니다. 죄송합니다…….

(고개를 숙인다. 그러나 김시인과 수강생들은 아무
런 반응이 없이 그를 지켜보고만 있는 눈치다. 하는
수 없이 입을 연다.)

연립 반지하에서 한 이십 년 생활하다가, 육 년
전에 경기도 이천에 있는 임대 아파트로, 보증
금 천만 원에 월 팔만 원 하는 임대 아파트로 갔
었거든요. 그래서 이천으로 이사도 하게 되었구
요. 그때가 가장 아름다웠던 것 같습니다. 방바
닥에 대자로 드러누워가지고 그냥, 온 세상이
다 내 것인 듯이……. 그런 기분이 들더라고요.
예…….

43. 학교 (낮/외부)

학교 운동장 한쪽에서 공을 차고 있는 아이들. 늦은 오후여서 햇살이 기울어져 있고, 학생들도 대부분 하교를 한 것처럼 보인다. 서너 명의 아이들이 서서 공을 서로에게 차서 보내고 있고, 공 차는 소리만이 텅 빈 운동장을 무료하게 울린다.
운동장 한쪽의 긴 의자에 앉아서 아이들을 보고 있는 미자. 공을 차던 아이가 그녀 쪽을 이상하다는 듯 돌아본다. 새들이 지저귀는 소리 들린다. 고개를 들어 나무를 올려다보는 미자. 그리고 노트에 뭔가를 쓴다.

인서트. 노트에 쓰인 그녀의 글씨.

>새들의 노래 소리
>무엇을 노래하나

이윽고 그녀는 의자에서 일어나 교사(校舍) 쪽을 향해 걸어가기 시작한다.

44. 복도 (낮/내부)

텅 빈 복도를 걸어가는 미자. 조심스레 주위를 둘러보며 걷다가 걸음을 멈춘다. 머리 위로 '과학실'이란 팻말이 보인다. 창문 안을 들여다본다. 그녀의 시점으로 보이는 과학실 내부의 희끄무레한 어둠. 그녀는 좀 더 얼굴을 유리창에 바싹 붙인다. 마치 무엇인가 보이는 듯이.

창문 안쪽에서 보이는 그녀의 얼굴. 코가 유리에 약간 눌려 일그러져 보인다.

45. 카페 (저녁/내부)

강변에 있는 어느 카페. 문이 열리고 미자가 들어온다. 카페 안에서는 시를 낭송하는 마이크 소리가 들려오고 있다. 카운터의 종업원이 작은 소리로 말한다.

종업원   어서 오세요. 혼자 오셨어요?

미자   (역시 목소리를 낮춰서) 네, 여기 시 낭송회 한다고 해서…….

종업원   예, 잘 오셨어요. 앉으세요.

자리를 찾아 걸어가는 미자. 꽤 넓은 카페 한쪽에 작은 무대가 만들어져 있고, 그곳에서 시 낭송을 하고 있는 중이다. 무대에는 '금요 시 낭송회'란 현수막이 걸려 있다. 무대 앞쪽 자리에 스무 명 가량의 사람들이 앉아 있다. 모두 시 낭송회에 참석하러 온 사람들인 것 같다. 미자는 무대에서 좀 떨어진 창가의 자리에 가서 앉는다. 창밖으로 한강의 밤 풍경이 보인다. 무대 쪽을 바라보는 미자.

무대에는 사십 대 초반으로 보이는 한 여자(조미혜)가 가슴에 화려한 꽃 브로치를 달고 진지하게 시를 낭독하고 있다. 자작시인 것 같다.

조미혜   시를 쓴다는 것은
              동지섣달 이른 새벽
              관절 부은 손으로
              하얀 쌀 씻어 내리시던
              어머니를 기억하는 일이다
              시를 쓴다는 것은
              깊은 밤 홀로 잠 깨어 우는 일이다
              무너져가는 마음의 기둥
              꼿꼿이 세우려
              참하고 단단한 주춧돌 하나 만드는 일이다

시 *Poetry* 각본집

허허한 창 모서리

혼신의 힘으로 버틴

밤새워 흔들리는 그것 잠재우는 일이다

퍼내고 퍼내어도 차오르는 이끼 낀 물

아낌없이 비워내는 일이다

여백의 숲 하나 만드는 일이다

그녀는 낭독을 끝내고 나서 혀를 쏙 내민다. 사람들이 박수를 치고, 그녀는 사회자에게 마이크를 넘기고 들어간다. 사회자는 사십 대 후반으로 보이는 여자.

사회자   시를 사랑하시는 분들은 늘 마음에 꽃을 꽂고 다니는 분들이라고 했습니다. 그런데 우리 조미혜 씨는 마음에도 꽃을 꽂고, 가슴에도 예쁜 꽃을 달고 오셨네요. 감사합니다. 다음은 오늘 정열의 빨간 티를 입고 오신 이동규 씨가 역시 조미혜 씨의 시 '쓰르라미'를 낭송하시겠습니다.

삼십 대 후반 쯤 되어 보이는 남자가 무대로 걸어 나와 마이크를 건네받는다.

이동규   당신의 등에선 늘 쓰르라미 소리가 나네

쓰르람 쓰르람 눈 부비며 살고 있네
지난여름 손톱에 핀 봉선화 다 지도록
당신의 등에선 자꾸 쓰르라미가 울고
나 또한 날개를 부비며 울고 있네
(시를 읽고 나서 자신의 소감을 이야기한다.)
이 시에는 쓰르라미가 나오는데요, 저는 매미를
생각했습니다. 매미는 자기 짝을 찾으려고 짧은
여름 며칠 동안 목이 터져라, 여름을 부수어라
그렇게 울어대는데……. 나도 과연 누군가를 위
해서 그렇게 열정적으로 매미처럼 살아갈 수 있
을까, 그런 생각을 많이 했습니다. 감사합니다.

고개를 숙여 인사하고 들어간다. 다시 사회자가 마이크를 잡
는다.

사회자   예, 솔직한 심정을 이야기하셨습니다. 뜨거운
열정을 보이기 위해 오늘 빨간 티를 입고 오신
것 같습니다. 다음 시는 오랜만에 오신 박상태
씨가 낭송하겠습니다. 사고로 다리가 많이 아프
셨는데도 불구하고, 오늘 커다란 수박을 가지고
나오셨습니다.

박수 소리와 함께 오십 대 초반으로 보이는, 덩치가 크고 배가 나온 남자가 무대로 나온다. 사회자에게 마이크를 받아서 이야기한다.

박상태	반갑습니다. 사실 저번에도 나왔는데……. (사회자를 보며) 지난주에 안 나오셨잖아요? 오랜만이란 표현은 좀 안 맞네요.
사회자	예, 제가 잘못이에요.
박상태	예, 반성하고 계세요.

사람들 웃음. 남자는 시를 읽기 시작한다. 의외로 잔뜩 멋 부린 기름진 음성이다.

박상태	장미 가시의 이유
	날 훔치려 말아요
	내 안의 가시
	온몸 소름으로 돋는 날
	자결을 꿈꾸는 검붉은 미소
	어여쁘단 말로 꺾으려 하지 말아요
	붉은 입술의 키스는
	순결을 향한 필사의 정열
	더 이상 나를 사랑하지 말아요

계절의 수레바퀴는 구르기만 하던걸요

(낭독을 끝내고)

나는 뭐 잘 모르지만, 장미에 대해 잘 쓰신 거 같아요. 쉽게 말해 따먹지 말아 달라, 이런 뜻인 거 같아요. (사람들 웃음) 여기 키스라는 말이 있는데, 키스란 말을 한자로, 사자성어로 하면 뭐가 될까 생각해보니까……. 키스……. 입술이 딱 붙어서 혀가 서로 왔다 갔다 하니까……. 사자성어로 하면, 설왕설래!

사람들이 소리 내어 웃는다. 특히 여자들의 웃음소리가 크게 들린다.

박상태   키스는 입술이 서로 충돌해서 딱 붙는 건데, 그럼 자동차 두 대가 달리다가 서로 충돌했어. 이건 사자성어로 뭐라고 그래?

남자1   거왕거래!

사람들 웃음.

박상태   아, 수레 거(車) 자 써서 거왕거래? 아니지. 뭘 그렇게 어렵게 생각하시나? (두 주먹을 서로 맞부딪

치는 시늉을 하며) 차가 이렇게 부딪치는 거, 네
자로……. 교통사고지 뭐야. 교통사고.
(사람들 웃음소리가 높아진다.)
내가 교통사고로 다리를 다쳐서 병원에 있다가,
오늘 이렇게 몰래 빠져나왔습니다만, 내가 다
리를 다쳤을 때 무슨 생각을 했냐 하면, 이렇게,
요기, 가운데 다리가 툭 튀어나와서 두 다리를
받쳐줬으면 좋겠다, 그런 생각을 했습니다. (사
람들의 웃음소리. 특히 한 여자가 아까부터 큰 소리
로 깔깔거린다.) 지금 아직 병원에 있지만, 다음
에는 더 멋진 모습 보여드리겠습니다.

사람들의 웃음소리, 박수 소리와 함께 자리로 들어가는 남자.
미자가 자리에서 일어나 조미혜가 앉아 있는 자리로 다가온
다. 무대에서는 다른 사람의 시 낭송이 진행되고 있다. 조미
혜에게 말을 거는 미자.

미자   여기 좀 앉아도 돼요?
조미혜   (미자를 쳐다보며) 예, 앉으세요.
미자   뭐 물어보고 싶은 게 있어서…….
조미혜   아, 예……. 뭐를요?
미자   시 참 잘 쓰시네요.

조미혜	아유, 아니에요, 부끄러운 수준이에요.
미자	아까 시 쓰기 시작한 지 얼마 안 됐다고 했는데……. 이런 시를 어떻게 쓰셨어요?
조미혜	예, 이번 경우는 아주 쉽게, 자연스럽게 썼어요. 한 줄을 쓰다 보니까 제가 생각하지도 않았던 게 명주실 가닥처럼 줄줄줄 따라 나오더라구요. 마치 제가 시 속에 들어가서 헤엄치듯이, 유영하듯이, 나비가 날갯짓하듯이, 그렇게 썼어요.
미자	그러면 얼마나 좋을까! 나도 요새 시를 써보려고 하는데, 아무리 애를 써도 안 돼요.
조미혜	저도 처음엔 시를 써보려고 시상을 찾아서 눈에다 막 불을 켜고 찾아다녔는데요, 그러니까 더 안 되는 것 같더라고요. 중요한 건 느낌인 것 같아요. 느낄 수만 있으면 시를 쓰실 수가 있어요.
미자	나도 느낌은 있는데…….
조미혜	그렇다면 그 느낌대로요, 솔직하게 메모하듯이 적어보세요. 그게 제일 솔직한 것 같아요.
미자	네…….

고개를 끄덕이는 미자.

시 *Poetry* 각본집

46. 강노인의 집 (낮/내부)

안방에 앉아 바깥 소리에 귀를 기울이고 있는 강노인. 현관문
이 달칵거리는 소리가 들려오고 있다. 이윽고 문을 열고 들어
서는 미자. 안방으로 들어가며 인사한다.

미자   안녕하세요? (창문의 커튼을 열어젖히고 창문을
       연다.) 오늘은 웬일로 냄새가 덜 나네요. 똥 안
       싸셨어요?

창문을 열고 돌아서자, 강노인이 그녀에게 뭔가를 손에 쥐고
내밀고 있다.

미자   뭔데요, 이게?
강노인 야, 야…… 약. 좀 까, 까 줘…….
미자   약? 무슨 약인데요? 왜 갑자기 약을 드세요? 어
       디 아프세요?
강노인 아픈 거 아냐. 그…… 그냥 영양제야.
미자   아니, 무슨 영양제를 갑자기……?
강노인 (버럭 소리를 지른다.) 웬 잔소리가 그렇게 심해?
       까, 달라면, 까 주는 거지!

미자가 약 은박지를 까서 물과 함께 그에게 내민다. 약을 먹
고 물을 마시는 동안 말없이 지켜보는 미자의 얼굴.

47. 욕실 (낮/내부)

미자가 강노인의 옷을 하나씩 벗기고 있다. 윗도리를 벗은 뒤
욕조 안에 앉은 다음, 팬티를 벗는다. 그녀는 샤워기의 물을
틀어 늘 하던 것처럼 노인의 앙상한 몸에 물을 끼얹고, 몸 구
석구석 비누칠을 시작한다. 그녀의 손길이 등을 돌아 가슴과
배를 지나 하반신으로 내려갔다가, 다시 사타구니 쪽으로 옮
겨와 비누칠을 한다. 남자는 그녀의 손길에 몸을 맡긴 채 계
속 그녀의 얼굴을 보고 있다. 아랫도리에 비누칠을 하는 동안
문득 그녀의 표정이 뭔가에 놀란 듯하다. 노인의 몸에 수상한
반응이 온 것이다. 그녀의 시선이 노인의 아랫도리로 간다.
그리고 자신도 모르게 놀라 소리를 지른다. 도망치듯 몸을 일
으킨다. 그러나 노인이 그녀의 손목을 붙든다. 뿌리치려는 그
녀. 노인의 팔 힘은 의외로 완강하다. 노인의 일그러진 입에
서 무슨 소리가 힘겹게 튀어나온다.

강노인   부, 부⋯⋯타, 탁이야⋯⋯.
미자   놔요⋯⋯. 왜 이래요?

다시 남자의 손을 뿌리치려는 미자. 그러나 노인은 그녀의 손을 놓지 않는다.

강노인　　　나, 죽기 전에, 딱 하, 한 번만 할 수 있었으면 좋겠다……. 나, 다른 건 필요 없고……. 단 한 번만, 남자 구실하고 싶어……. 나 소원이야…….

일그러진 채로 그녀를 쳐다보는 그의 얼굴은 기괴하면서도 간절하다. 그녀는 잠깐 할 말을 잃고 그의 얼굴을 본다.

미자　　　이거 놔요! 사람을 어떻게 보고 이러시는 거예요?

그녀는 그의 손을 뿌리치고 욕실 밖으로 나간다. 그리고 뭔가 생각난 듯 다시 욕조 안에 앉아 있는 노인을 돌아본다.

미자　　　아까 무슨 약 드셨어요? 예?

그녀는 안방으로 달려간다. 약 껍질을 찾아 들고 온다.

미자　　　이거, 이거 무슨 약이에요? 이거 그거죠? 그 뭐야, 비아그란가 하는…….

강노인은 말없이 그녀를 쳐다보기만 한다. 미자는 벽에 걸린 수건을 꺼내 그에게 던진다. 그리고 다시 옷을 던진다.

미자   혼자서 닦고 입어요! 이제 아무도 해줄 사람 없어요.

강노인이 입을 벌린 채 일그러진 얼굴로 말없이 그녀를 쳐다보고 있다. 그 표정이 몹시 가련해 보인다.

48. 버스 안 (낮/내부)

차창 밖으로 흐르는 한강변의 서울 풍경. 올림픽대로를 차들이 빠르게 달리고 있고, 햇빛을 반사하는 한강의 물결 너머 고층 아파트 건물들이 보인다. 창가에 앉아서 그 풍경을 보고 있는 미자. 그 얼굴이 약간 알 수 없는 감회에 젖어 있는 것 같다.

49. 병원 복도 (낮/내부)

서울의 한 종합 병원 복도. 미자가 신경내과 앞 의자에 앉아서 자기 차례를 기다리고 있다. 그녀는 눈앞에 오고 가는 사람들을 바라본다. 큰 병원이어서 환자들도 많다.
이윽고 간호사가 부르는 소리가 들린다.

간호사2	양미자 님!
미자	네!
간호사2	1번 진찰실로 들어가세요.
미자	네!

자리에서 일어나 진찰실로 들어가는 미자.

50. 진찰실 (낮/내부)

진찰실로 들어서는 미자. 그녀는 책상 앞에 앉아 있는 사십
대 후반의 여자 의사에게 웃으며 인사를 한다.

미자	안녕하세요?
의사2	네, 앉으세요.

의사는 그녀를 힐끗 보고는 다시 모니터로 시선을 돌린다. 미
자는 의사 앞에 놓인 의자에 엉덩이를 붙이고 의사를 쳐다본
다. 의사가 모니터를 보고 있는 동안, 방 안은 숨소리마저 들

릴 듯 조용하다. 미자는 괜히 고개를 돌려 방 안을 둘러본다.
햇살이 내려와 있는 창가에는 소담하게 꽂꽂이 된 꽃들이 보
인다. 자기도 모르게 탄성을 내는 미자.

미자   어머, 동백꽃이네!

의사가 고개를 쳐들고 미자를 본다. 미자가 변명하듯 웃으며
말한다.

미자   제가 동백꽃을 너무 좋아하거든요. 겨울의 꽃,
           붉은 고통의 꽃…….
의사2   동백꽃이 고통의 꽃이에요?
미자   네, 꽃 중에서 붉은 것은 고통이거든요. 흰 꽃은
           순결, 노란 건 영광……. 요즘 시 쓴다고 공부
           좀 했어요. (말하면서 웃는다.)
의사2   시요? 시인이세요?
미자   아니요……. 그냥 한번 써보려고요.
의사2   혼자 오셨어요? 누구 보호자분이랑 같이 오지
           않고요?
미자   혼자 왔어요. ……왜요?
의사2   같이 얘기할 보호자분이 있으면 좋겠는데…….
미자   왜요? 뭐가 많이 나빠요?

의사2	검사 결과가요⋯⋯. 환자분은 지금 알츠하이머 병이세요. 흔히 치매라고 얘기하죠?
미자	(아주 잠깐 동안 멍한 얼굴로 의사를 쳐다보다가 어이없다는 듯 웃는다.) 아니에요, 저 멀쩡해요!
의사2	지금은 멀쩡하시죠. 지금은 아주 초기시거든요. 근데 이미 병은 시작됐어요. 지금은 가끔 단어 같은 게 기억이 안 나시겠지만, 차츰차츰 더 많은 기억을 잊어버리시게 될 거예요. 처음에는 단어 중에서도 명사가 기억이 안 나시고, 그다음에는 동사가 기억이 안 나실 거예요. 동사, 아시죠?
미자	네, 동사⋯⋯. 알죠. (우습다는 듯 짧게 소리 내어 웃는다. 그러나 표정은 금세 굳어진다.) 명사가 제일 중요하잖아요.
의사2	그렇죠. 명사가 제일 중요하죠.

무심결에 그렇게 말해놓고 이번에는 의사가 웃는다. 미자도 따라 웃는다. 그녀는 잠깐 창가의 꽃꽂이된 동백꽃을 멍하니 바라본다. 의사도 그녀의 시선을 따라 꽃을 본다.

| 의사2 | (웃으며) 저거 조화예요. |

붉은 동백꽃 인서트.

51. 병원 앞 (낮/외부)

병원 현관 앞. 분주하게 드나드는 사람들 틈으로 걸어 나오는 미자. 전화 통화를 하며 건물 계단을 내려온다.

미자	병원에 와 있어. 전에 검사했던 거……. 결과 보러……. 응……. 뭐? 괜찮대. 운동하래. 운동 열심히 하래. 의사가 그러는데, 시도 열심히 쓰래.
소리(F)	무슨 의사가 그래?

핸드폰 너머로 딸의 목소리가 새어 나오고, 그녀가 다시 소리 내어 웃는다. 그러나 왠지 그녀의 웃음소리는 조금 불안하게 들린다. 통화를 하면서도 그녀의 시선은 택시를 잡기 위해 분주하게 움직인다.
택시 한 대가 그녀 앞에 와 선다. 택시를 탄다.

미자	저기로 가주세요. 저기……. 어…….

택시 기사가 룸미러로 그녀를 쳐다본다.

미자	동서울……. 아이고, 그 뭐더라? (그녀는 웃음으로 당황함을 감추려 한다.) 동서울이었는데…….

택시 기사는 말없이 보고 있기만 한다.

미자	버스들, 시외버스 많이 있는 데……. 지방 가는 버스…….
기사	터미널이요?
미자	맞아, 터미널이요! (다시 소리 내어 웃는다.) 내가 이래요.

약간 미소를 띤 채로 그녀의 얼굴은 굳어진다. 그녀는 말없이 차창 밖을 바라본다.

52. 버스 안 (낮/내부)

시외버스 안. 차창 밖의 풍경을 바라보고 있는 미자. 넓은 차창으로 선홍빛 노을이 펼쳐져 있다. 달리는 차와 함께 노을은 끝없이 흘러간다. 하염없이 그 노을을 보고 있는 미자의 얼굴. 가방에서 수첩과 연필을 꺼내 뭔가를 끄적거리기 시작한다. 수첩 인서트. 흔들리는 차 안이라 삐뚤삐뚤하게 쓰인 그녀의 글씨.

시간이 흐르고 꽃도 시들고

그러나 글씨는 너무 심하게 흔들려서 거의 알아보기 어렵다.

53. 노래방 (낮/내부)

어느 노래방의 입구. 젊은 남자 종업원이 청소를 하고 있다. 아직 이른 시간이라 영업을 시작하기 전인 것처럼 보인다. 어느 룸에서 노랫소리가 들리고 있다. 기범부가 들어선다.

기범부	어디 계시냐?
종업원	5번 방에요.
기범부	5번 방?

복도를 걸어오는 기범부. 5번 방에 가까워질수록 노랫소리가 점점 커진다.

미자	(노래) 와인 글라스에 젖은 립스틱
	그리움을 당신은 압니까

놓아야 하면서도 붙잡고 있는
미련의 끝을 이젠 놓고 싶어

카메라, 기범부를 따라가면 작은 룸의 출입문 유리 너머 혼자 앉아 모니터를 보며 노래하고 있는 미자의 모습이 보인다. 이윽고 기범부 문을 열고 들어선다. 그러나 그녀는 눈치 채지 못하고 노래를 계속한다. 그녀의 얼굴 위로 울긋불긋한 사이키 불빛이 스쳐간다. 혼자 앉아 노래하면서도 흥겨운 반주에 물결치듯 갸웃거리는 어깻짓과 표정, 그리고 목소리에는 의외로 끼가 다분하다.

미자   지금쯤 내 이름을 잊었을지도 모르는
          모르는 당신 때문에
          오늘도 서투른 몸짓으로
          술잔을 잡는 내가 미워 미워
          이제는 미련의 옷을 벗어던져 버리고
          망각의 잔을 마시고 싶어

노래가 끝나자마자 박수를 치는 기범이 아버지. 미자가 놀라 돌아본다.

기범부   와우! 욱이 할머니! 보통이 아니시네요.

미자	아이고, 창피해서 어떡해. 오실 때까지 기다리
	다가……. 심심해서 불러본 거예요.
기범부	제가 보니까, 왕년에 남자깨나 울리셨겠는데요.
	끼가 장난이 아닌데요, 뭘.
미자	솔직한 말로……. 내가 정말로 팔자가 좀 셌죠.
기범부	그런데 웬일이세요? 일부러 여기까지 찾아와주
	시고?
미자	(갑자기 의기소침해진다.) 저기……. 딴 게 아니
	고, 오백만 원 있잖아요? 내가 내야 하는 돈…….
	그거 저한테 좀 빌려주시면 안 될까요? 다른 데
	는 정말 얘기할 데도 없고…….
기범부	(리모컨으로 반주 음악을 끈다. 갑자기 룸 안이 썰렁
	하도록 조용해진다.) 아이고, 큰일 났네. 욱이 할
	머니, 이렇게 하시면 안 돼요.
미자	알아요. 나도 아는데……. 아무리 궁리를 해도
	돈 구할 데는 없고……. 그래서 얘기하는 거예
	요. 꼭 갚을게요. 여기서 일을 해서라도 갚을게
	요. 나, 무슨 일이라도 다 할 수 있어요.
기범부	미안하지만요, 저 욱이 할머니한테 돈 빌려줄
	형편이 안 되고요. 노래방에서 할머니가 하실
	일도 없거든요.
미자	그럼 어떡해요? (웃으며) 은행이라도 털어야겠

네…….

기범부   욱이 엄마한테 이야기하세요. 왜 이야기를 안
        하세요? 무슨 이야기든 다 한다면서? 영원한 친
        구라면서?

54. 강의실 (낮/외부)

시 수업 강의실. 칠판에 '내 인생의 아름다웠던 순간'이라는
글씨가 보이고, 한 사람씩 발표를 하고 있다. 육십 대 초반의
여자 수강생이 발표를 하고 있다.

수강생4   전……. 제가 성당 다니거든요. 근데 우리 성당
        이 굉장히 오래되고 참 예뻐요. 봄에……. 마당
        에 나뭇잎들이 뾰족 뾰족 난 게, 새파란 게…….
        연두색이에요. 그 색깔이 너무 슬퍼요. 너무 예
        뻐서 슬픈 거 있죠? 그래서 전 그 나뭇잎들을
        막 쓸어주면서 가요. 아우, 어쩜 이렇게도 예쁘
        니? 하면서……. 그게 나이 먹은 증거라고 그러
        더라고요. 하지만 저는 아플 때도 있고, 괴로울
        때도 있지만, 행복해요. 행복합니다. (웃음)

CUT TO

사십 대 초반으로 보이고 팔뚝이 굵은, 건강해 보이는 여자가
이야기한다.

수강생5   저는 지금 사랑을 하고 있거든요. 그런데 너무
아름답고 가슴이 아파요. 그게, 왜 가슴이 아프
냐면……. 이루어질 수 없는 사랑이기 때문이에
요. 그 사람은 가정이 있거든요. 저도 가정이 있
고요. 저는 그 사람을 정말 싫어하는 줄 알았는
데, 성질 진짜 더러운 사람이거든요, 근데 작년
에 야근하고 같이 나오다가……. 어떻게 하다
가……. 같이 잠을 잔 거예요. 정말 딱 한 번이
었거든요. 근데……. 그래서……. 그 기억을 지
우려고 노력했는데 지워지지가 않더라고요. 하
면 할수록 더 생각이 나요. 그래서 아예 그냥 내
눈에 보이지 않으면, 눈에서 멀어지면 마음까지
멀어진다고 하던데……. 제 눈에서 멀어지는 사
람이 아니었나 봐요. 진짜 막 미친 사람처럼, 울
다가 웃다가 막……. 정말 너무 괴로워서 죽겠
어요. 그런데……. 그 괴로움도 참 아름다워요.
(미소 짓는다.)

                                          시 *Poetry* 각본집

CUT TO

미자가 앞에 나와 앉아 이야기하고 있다. 해가 기운 시간인지
약간 교실 안이 어두워 보인다.

미자 　 아주 어렸을 때 한 순간이 떠올라요. 아마도 내
　　　 머릿속에 있는 맨 처음 기억일 것 같아요. 너무
　　　 어렸을 때라 몇 살인지 모르겠어요. 세 살…….
　　　 네 살……? 우리 엄마가 아파가지고 우리 언니
　　　 가 나를 데리고 있었던 거 같아요. 저는……. 언
　　　 니랑 저랑 일곱 살 차이거든요? 마루에는 커튼
　　　 이……. 붉은 커튼이 처져 있고……. (그녀는 마
　　　 치 자신이 그때로 되돌아간 듯, 지금 자신의 눈앞에
　　　 그것들이 보이는 것처럼 이야기한다.) 커튼이 조금
　　　 열려 있는 상태에서 햇빛이 이렇게 비쳐 들어오
　　　 고……. 언니 얼굴이 반쯤 보여요……. 그늘에
　　　 반쯤 가려져가지고……. 저한테 예쁜 옷을 입혀
　　　 줬나 봐요. (자신도 모르게 그녀의 감정이 점점 격
　　　 해진다.) 미자야! 이리와! 얼른 와! 이러면서 손
　　　 뼉 치구……. 저는 뒤뚱거리면서 가고……. 어
　　　 린 생각에도 언니가 나를 너무 예뻐하고, 이리
　　　 오라고 하는데 굉장히 기분이 좋았고……. 너무
　　　 행복하고……. 내가 정말 예쁘구나……. 그런

생각이 들었어요. 미자야! 일루 와! 빨리 와! 미
자야……. (흐느낀다.)

55. 도로 (낮/외부)

어느 한적한 시골길. 마을버스가 한 대 달려와 정거한다. 버
스에서 내리는 미자. 버스가 가는 방향을 보며 한참 그 자리
에 서 있다. 그녀의 시선을 따라 카메라가 팬 하면, 새로 지어
진 제법 큰 콘크리트 다리가 보인다.

56. 다리 위 (낮/외부)

누군가의 시점으로 다리 위에서 내려다보는 풍경. 저 아래 흐
르는 강과 주변의 산들이 보인다. 무심히 새들이 날아간다.
카메라, 다리 난간 쪽으로 천천히 다가간다. 미자의 뒷모습이
화면 안으로 들어선다. 난간에 서 있는 그녀. 강 아래 먼 풍경
에 망연히 시선을 보내고 있다. 새소리에 고개를 젖혀 하늘을
쳐다보기도 한다. 바람에 머리칼이 흔들린다 싶더니, 순간 그
녀의 모자가 바람에 날려 벗겨진다. 짧은 비명을 내며 붙잡으
려 하지만 그대로 바람에 날려가버리고 만다. 미자의 시선이

허공으로 그 모자를 좇다가 이윽고 다리 아래를 내려다본다.

그녀의 시점으로 보이는 다리 아래의 강물. 극부감. 까마득한 아래 콘크리트 교각 사이로 검은 강물이 소용돌이치며 흐르고 있다. 미자의 모자가 떨어져 강물에 떠내려간다.

57. 강가 (낮/외부)

바람이 심하게 부는 강가. 멀리 강을 가로지르는 다리가 보인다. 미자가 강가의 모래밭을 걷고 있다. 나무들이 바람에 이리저리 몸을 흔들고 있다. 그녀의 머리칼도 바람에 날리며 얼굴을 때린다. 작은 바위에 걸터앉는 그녀. 가방에서 수첩을 꺼낸다. 떠오르는 시상을 적으려는 듯. 허공을 쳐다보는 그녀의 표정이 간절하다. 그러나 쉽게 쓰지 못한다.

인서트. 빈 수첩에 문득 빗방울 하나가 떨어진다. 이내 빗방울들이 연이어 떨어지기 시작한다. 수첩은 떨어지는 비로 젖어든다.
강물 위에 떨어지는 빗발. 무수한 파문을 만든다.

비 오는 강변. 비를 맞으며 앉아 있는 미자. 마치 매를 맞는 것처럼 떨어지는 빗발을 고스란히 맞고 있다.

58. 버스 안 (낮/내부)

빗속을 달리는 시골 마을버스 안. 차 안에서 보는 시야. 길가
에 비를 맞고 서 있는 미자가 보인다. 차가 멈추고 문이 열리
면, 비에 젖은 채로 몸을 떨며 차에 타는 미자. 운전기사가 의
아한 눈으로 쳐다본다.
차 뒤쪽으로 걸어가 앉는 미자. 연신 몸을 떨고 있다.

59. 슈퍼 (낮/내부)

슈퍼에 들어서는 미자. 비를 맞아 옷이 젖어 있다. 그녀를 보
고 슈퍼여자 놀란다.

슈퍼여자	웬일이세요, 아주머니? 비 오는데 옷이 다 젖어 가지고…….
미자	(그녀에게 손을 내민다.) 3층 열쇠 주세요.
슈퍼여자	일하실려고요? 아이고, 웬일로 마음이 바뀌셨 어요?

그러나 미자는 말없이 손만 내밀고 있다. 슈퍼여자가 좀 면구스러운 듯이 웃는다.

슈퍼여자　　(열쇠를 건네며) 난 다시는 안 하시겠다는 줄 알았네.

열쇠를 받아 문 쪽으로 걸어가는 미자의 뒷모습을 슈퍼여자가 보고 있다.

60. 강노인의 집 (낮/내부)

낮인데도 조금 어둡고 적막하게 느껴지는 강노인 집 거실. 닫힌 안방에서 TV 소리가 희미하게 흘러나온다. 현관문이 열리고 미자가 들어선다. 안방으로 다가가서 문을 두드린다. 이윽고 문을 열고 들어간다. TV를 보고 있던 강노인이 놀라 그녀를 쳐다본다. 그녀는 말없이 방 안으로 들어가 문갑의 서랍을 뒤지기 시작한다.

강노인　　머, 머…… 뭘 찾아?

대답 없이 찾기만 하던 그녀, 이윽고 서랍 안쪽에서 약을 찾아 꺼낸다. 컵에 주전자의 물을 따른 뒤, 약의 은박지 포장을 까서 노인에게 내민다.

미자   이거 드세요.
강노인   …….

말없이 미자의 얼굴을 쳐다보고 있는 강노인.

미자   어서요.

미자가 약을 노인의 입으로 가져간다. 이윽고 입을 벌려 약을 받아먹는 강노인. 미자가 컵을 가져가 물도 먹인다. 물을 마시고 나자, 그녀가 노인을 부축해 일으킨다.

61. 욕실 (낮/내부)

열린 욕실 문을 통해 욕조 안에 벗은 몸으로 앉아 있는 강노인이 보인다. 강노인은 고개를 들어 미자를 쳐다보고 있다. 미자는 비에 젖은 겉옷을 벗고 슈미즈 속옷 차림으로 욕실 문을 닫는다. 샤워기 물소리가 들린다.

욕조 안에 마주 앉아 있는 두 사람. 카메라, 다다미 샷 정도의 낮은 앵글. 미자는 샤워기로 물을 뿌리며 손으로 천천히 강노인의 몸을 씻기고 있다. 강노인은 이 모든 것이 믿을 수 없다는 듯이 말없이 미자를 보고 있기만 한다. 가슴과 어깨, 팔을 거쳐서 손이 아래로 내려간다. 두 사람은 계속 서로를 마주 보고 있다. 노인은 아직도 믿을 수 없다는 표정으로 눈을 크게 뜨고 일그러진 얼굴로 미자를 보고 있다. 계속 손을 움직이면서도 그녀 역시 노인의 얼굴에서 시선을 떼지 않는다. 노인의 입에서 기묘한 신음 같은 것이 흘러나온다. 욕조에 가려 보이지 않지만, 그녀의 손은 계속 한곳에서 움직이며 같은 동작을 반복하고 있다. 노인의 입이 조금 더 벌어진다. 그러면서도 그들은 서로를 보고 있다. 이윽고 미자가 앉은 채로 속옷을 벗기 시작한다, 슈미즈 속옷을 벗고 브래지어를 벗은 다음, 팬티까지 벗어 욕조 밖으로 내놓는다. 그리고 강노인에게 몸을 옮겨 간다. 그녀는 노인의 몸 위에 마주 앉은 자세가 되었다. 여전히 서로를 쳐다보고 있는 두 사람. 그녀의 몸이 서서히 아래위로 움직이기 시작한다. 남자는 그 자세 그대로 앉은 채 눈앞에서 움직이고 있는 그녀를 보고 있다. 그것은 정사라기보다는 어떤 단순하면서도, 아무런 감정도 섞이지 않은 의식을 수행하는 것처럼 보이기도 한다. 미자는 여전히 노인의 몸 위에 걸터앉은 자세로 부드럽게 몸을 움직이고 있다. 문득 노인의 눈가에 물기가 맺히는가 싶더니 한줄기 눈물이 흘러내린다. 미자는 여전히 말없이 몸을 움직이면서 손으로 그의 눈물을 닦아준다.

62. 아파트 앞 (낮/외부)

아파트 앞의 언덕길을 걸어 올라오는 미자. 약간 지쳐 보이는 듯하기도 하고, 한편으로 아무 감정도 없이 텅 빈 듯 보이기도 하는 얼굴이다.
이윽고 아파트 안으로 들어서면, 사십 대 초반의 남자가 아파트 앞에 서 있다가 미자를 보고 웃으며 다가온다.

오동민　　　아이고, 안녕하세요?

미자　　　　네……. 안녕하세요?

그녀는 얼떨결에 인사하며 남자를 쳐다본다.

오동민　　　박종욱이 할머니 되시죠?

미자　　　　네……. 근데 누구세요?

오동민　　　예. 저는 경강일보의 오동민 기잡니다.

　　　　　　　(명함을 건넨다.) 요즘 많이 힘드시죠?

미자　　　　(명함을 받아들며) 아니, 뭐……. 괜찮아요.

오동민   보자……. 여기 좀 앉으실까요?

그는 아주 싹싹하게 웃으며 옆에 있는 평상의 먼지를 맨손으
로 쓸어낸다.

미자   예? 예…….

미자가 평상에 걸터앉자, 그도 그녀의 곁에 앉는다.

오동민   할머니 아주 멋쟁이세요.
미자   예? (웃으며) 그렇게 봐주시니 고맙네요.
오동민   어떻게 저쪽 집하고는 합의가 잘 이루어지고 있
          나요?
미자   그게, 잘 안 되고 있나 봐요.
오동민   왜요? 돈 문제로 피해자 쪽이 합의를 안 해주나
          보죠?
미자   그게요, 나는 잘 모르는데……. 여자애 엄마
          가 합의 같은 거 할 생각이 없다나 봐요.
오동민   예……. 여자애 엄마가요……. (신중하게 고개를
          끄덕이며) 보통 피해자가 합의를 안 해줄 때는
          돈 문제인 경우가 많은데, 돈 말고 다른 이유도
          있나요?

미자   나는 잘 모르는데요…….

말을 하다 말고, 미자는 문득 뭔가 이상한 생각에 사로잡힌
다. 자신을 빤히 보고 있는 오동민의 얼굴. 갑자기 두려움에
질린 얼굴로 그녀는 자리에서 일어선다.

오동민   왜요?
미자   안 돼요…….
오동민   뭐가요? 왜 그러세요? (그녀의 팔을 잡으려 한다.)
       잠깐 앉아보세요, 종욱이 할머니…….

그러나 그녀는 그의 손을 뿌리치며 뒷걸음친다.

오동민   잠깐, 몇 가지만 물어보면 돼요. 잠깐만요!
미자   안 돼요!

그가 다가가자, 그녀는 더욱 두려움에 질려 소리친다. 그리고
뒤돌아서 달아나기 시작한다.
오동민이 놀라 몇 걸음 따라가다가 멈춘다. 그녀는 정신없이
뛰어가고 있다. 그녀는 자기 집이 있는 아파트 쪽으로도 가지
못하고 길 쪽으로 뛰어간다.
거친 숨을 쉬며 뛰어가던 미자, 뒤를 돌아본다. 오동민이 그

자리에 서서 이쪽을 보고 있다. 그러나 그녀는 여전히 두려움
에 질려 있다. 거칠게 숨을 쉬며 계속 걸어간다. 그리고 핸드
폰을 꺼내 어딘가로 전화를 건다.

63. 부동산 중개소 (낮/내부)

순창이 아버지의 부동산 중개소 사무실. 펜션 사무실도 겸하
고 있다. 보통 부동산 사무실보다는 약간 넓은 편이다. 소파
에 미자가 주눅 든 표정으로 앉아 있고, 기범이 아버지, 병진
이 아버지가 맞은편에 앉아 있다. 순창이 아버지는 자기 책상
에 앉아 있다.

순창부   그러니까……. 애 엄마하고 합의를 봐야 하는
데, 애 엄마가 말을 듣지 않는다. 거기까지 이야
기하셨다는 거네요?

고개를 끄덕이는 미자.

기범부   참 내, 미치겠네, 정말. 그러니까 전에 말했잖아
요. 말조심하라고! 경강일보 오 머시긴가 하는
그 새끼 결국 뭔가 물었네. 뭔가 냄새 좀 맡겠

다고 학교하고 경찰서하고 맨날 들락거린다더
니…….

순창부   아니, 그래도 아직 확실하게 이야기한 건 없으
니까……. 그래도 지금이라도 빨리 손을 써서
피해자 쪽만 입을 열지 않으면 막을 수는 있겠
는데……. 아, 시간이 없네…….
(자리에서 일어나 소파 쪽으로 걸어온다. 문이 열리
고 서류 봉투를 든 여직원이 들어오자 손을 들어 제
지한다.) 아, 좀 이따가 들어올래? 지금 중요한
상담 중이니까…….

여직원   아, 예…….

도로 나가는 여직원. 순창이 아버지는 소파 사이의 작은 의자
에 앉더니, 미자를 쳐다보며 말한다.

순창부   욱이 할머니가 애 엄마를 한번 만나보는 게 어
때요?

미자   예? 내가요?
(놀란 얼굴로 순창이 아버지를 쳐다본다.)

순창부   예, 그러니까 욱이 할머니가 죽은 애 엄마를 만
나서 설득을 하시는 거예요.

미자   어머나, 나 같은 사람이 만나서 무슨 말을 해

	요? 나는 그런 거 말할 줄 몰라요.
순창부	그냥 인간적으로 사정하시는 거예요. 같은 여자 끼리……. 우리 같은 사람들보다 할머니가 훨씬 나을 수도 있어요.
병진부	맞다, 그거 아이디어네. 손자 하나 보고 혼자 살고 있는 불쌍한 할머니가 사정을 하는 거예요. 예? 같은 여자끼리……. 눈물도 이렇게 쭉 흘리고…… 하면서.
기범부	그럽시다, 종욱이 할머니. 당장 만나봅시다. 제가 내일 제 차로 모셔다 드릴게요.

그러나 미자는 선뜻 대답을 하지 못하고 사람들을 쳐다보고 만 있다.

64. 들판 (낮/외부)

롱샷. 들판 사이의 도로를 빠르게 달리는 기범이 아버지의 차. 멀리 보이는 작은 시골 마을.

65. 마을 입구 (낮/외부)

어느 허름한 집들이 보이는 전형적인 농촌 마을의 입구에 기범이 아버지의 차가 도착한다.

기범부   끝나면 전화하세요. 제가 금방 올 테니까.

미자   (차에서 내리며) 버스 타고 가지요, 뭐. 버스 정
             류장이 저기 보이던데요. 갈 때는 제가 알아서
             갈게요.

기범부   하여튼 필요하면 언제든 전화하세요. 이야기 잘
             하시고요. 이제 욱이 할머니한테 달렸어요. 아
             시죠?

미자   네.

기범이 아버지는 차를 돌리기 위해 후진한다. 동네 쪽으로 걸
어가는 미자. 미자의 옆으로 지나치던 차가 정지한다. 그녀가
돌아보면, 기범이 아버지가 몸을 기울여 내다보며 차창을 내
린다.

기범부   의상이 너무 튄다! 이 동네에 진짜 안 어울리시
             네!

미자   그럼 어쩌죠? (어린애 같은 표정으로 울상을 짓는

	다.) 그냥 가요? 나중에 딴 옷 입고 다시 오게······.
기범부	여기까지 왔는데 어떻게 그냥 가요? 하여튼 말씀만 잘하세요. 그 사람들 절대로 자극하는 말은 하지 마시고······. 예? 지금 상황이 어떤 건지 아시죠?
미자	······노력해볼게요.

66. 희진 집 (낮/외부)

마당 한쪽 어수선한 창고 옆 개집에 매여 있는 개가 줄이 떨어질 듯 날뛰며 극성스럽게 짖어대고 있다. 미자의 목소리 들린다.

미자(O.S)   실례합니다!

아무도 대답이 없다. 계속 짖는 개.

미자(O.S)   아무도 안 계세요?

개가 짖어대는 쪽을 따라 카메라 팬. 마당에 들어와 집 안을 둘러보며 서 있는 미자. 대문은 열려 있는데, 집은 비어 있는 듯하다.

잠시 빈 집의 마루에 혼자 앉아 있는 미자. 개는 이제 흥분이 가라앉은 것 같다. 오히려 꼬리를 흔들며 쳐다보고 있다.

미자   (개한테 말을 건다.) 다들 어디 가셨니?

그녀는 마루의 벽에 걸린 사진틀을 쳐다본다.
사진틀 속에는 다양한 모습의 가족사진들이 붙어 있다. 그중에는 희진으로 보이는 소녀의 사진도 있는 것 같다. 사진들을 쳐다보던 그녀가 신발을 벗고 마루 위로 올라간다. 사진들 앞으로 다가가 고개를 꺾고 쳐다보는 그녀.
인서트. 초등학교 졸업식인 듯 졸업장을 들고 서 있는 희진. 어느 유원지 같은 데서 손가락으로 브이 자를 만들며 활짝 웃고 있는 사진도 보인다. 왠지 약간 우울한 표정의 얼굴 사진도 있다.
미자는 그 사진을 오래 쳐다보고 있다.

소리(O.S)   누구 찾아왔어요?

누군가의 목소리에 그녀가 놀라 돌아보면, 나지막한 담장 너머로 옆집 여자가 의심스런 눈으로 그녀를 보고 있다.

미자	아니……. 이 집 식구들 어디 나가셨나 보죠? 대문이 열려 있어서 들어왔는데, 아무도 없네요.
이웃여인	그 집 아줌마 밭에 일하러 가고 없어요. 어디서 오셨는데요?
미자	그냥……. 할 말이 좀 있어서 찾아왔어요.
이웃여인	해 저물어야 들어올 텐데……. 일하는 데로 한 번 찾아가 보시던가요.
미자	거기가 어딘데요?

이웃집 여자가 마을 한쪽을 손으로 가리킨다.

이웃여인	저쪽으로 가면 비닐하우스가 있고요, 그거 지나면 개울 옆에 밭이 있는데, 거기 있을 거예요.

67. 들판 (낮/외부)

동네에서 가까운 들녘. 물웅덩이 같은 데서 카메라 틸트업하면 극단적인 롱샷으로 멀리 들판을 걸어가는 그녀의 모습이 보인다.

68. 오솔길 (낮/외부)

미자가 소녀의 엄마가 일하고 있다는 밭을 향해 걸어가고 있다. 조용하고 평화로운 시골의 작은 오솔길을 천천히 걸어가는 동안 차츰 기분이 가벼워진다. 새소리가 왁자한 머리 위를 올려다본다.

미자   아이고, 요란하게도 우네…….

그녀의 입에서는 연방 탄식 같은 한숨 소리가 새어나온다. 그녀는 하늘도 올려다보고 주위의 나무들도 둘러보고 길가에 핀 들꽃을 꺾기도 한다. 가을 햇살은 따사롭게 내리쬐고 바람은 부드럽게 머리칼을 날린다. 어쩐지 금방 시 한 줄이라도 떠오를 것만 같다.

어느 나무 밑에서 그녀는 문득 걸음을 멈춘다. 땅에 살구 열매들이 떨어져 있다. 하나를 집어 들여다보다가 한입 베어 문다. 맛있다는 듯한 표정.

그녀는 수첩을 꺼낸다. 쪼그리고 앉아 뭔가를 쓰기 시작한다.

> 살구는 스스로 땅에 몸을 던진다
>
> 깨여지고 밟힌다
>
> 다음 생을 위해

그녀는 다시 걷기 시작한다. 저만치 밭 한가운데서 한 여인이 허리를 굽힌 채 일하는 모습이 보인다. 그녀는 그쪽으로 걸어 간다.

69. 밭 (낮/외부)

밭에서 한창 일하고 있는 사십 대 중반쯤 되어 보이는 여인 (희진모). 농사꾼 여인답게 얼굴이 까맣게 타 있다.

미자   안녕하세요?

가까이 다가오며 미자가 인사하자, 여인도 허리를 펴고 대답 한다.

희진모   예, 안녕하세요.
미자   날씨 참 좋죠?
희진모   예, 날씨가 도와주네요.
미자   여기 참 좋은 곳인 거 같아요. 경치도 너무 좋
              고……. 참 이런 데서 살고 싶다는 생각이 드네요.
희진모   살기는 뭐……. 쉽지는 않아요.

여자가 웃으며 말한다. 그녀는 미자를 아마도 바람 쐬러 나온 팔자 좋은 도시 사람쯤으로 생각하는 듯하다. 미자는 여자에게 손에 들고 있던 살구를 보여준다.

미자   걸어오다가 살구도 주웠어요. 살구가 땅에 막 떨어져 있어요. 한입 깨물었더니 맛있더라구요.

희진모   살구는 원래 땅에 떨어져 있는 게 맛있어요. 나무에 붙어 있는 건 떫어서 못 먹어요.

미자   네, 그 말이 맞더라구요. 맛있어요. (다시 한입 깨물어 먹으며) 아까 살구가 땅에 떨어진 걸 보고 참 간절하다고 생각했어요. 지 몸을 땅에 던져서 지 몸을 막 깨지고 밟히게 해서 다음 생을 준비하잖아요. (소리 내어 웃으며) 내가 평생 살아도 오늘 살구에 대해서 그런 거 처음 알았네.

희진모   (이 여자가 무슨 소릴 하나, 하는 얼굴로 쳐다본다.)

미자   또 살구나무 옆에는 백일홍도 있고, 백일홍 꽃이 얼마나 예쁘게 떨어져요? 오면서 이런 데 걷는 것만도 축복이다 싶더라고요. 난 꽃을 너무너무 좋아해서……. 보고 있기만 해도 행복해요. 꽃만 바라보고 있어도 배가 불러서 밥 안 먹어도 돼요.

미자의 말에 여자가 소리 내어 웃는다. 그리고 다시 한번 그
녀를 쳐다보며 말한다.

희진모   예쁜 분이시니까 꽃도 좋아하시나 보다.
미자   호호호, 나 예쁘다고 생각해요? 아이고, 고마워
          라. 내가 멋은 좀 부리죠.
          (그리고 너무 자기 이야기만 했다는 듯) 올 농사는
          좀 어때요?
희진모   ……고만고만해요.
미자   올해는 풍년 들어서 돈 많이 버셔야 할 텐데…….
          그죠?
희진모   풍년 들면 드는 대로 값 떨어지고……. 안 되면 안
          되는 대로 힘들고……. 쉬운 거 하나도 없어요.
미자   그래도……. 잘되면 좋겠네요. 그럼 수고하세요!
희진모   예, 안녕히 가세요…….

그녀는 여인에게 웃으며 인사를 하고 그 자리를 떠난다. 여인
도 다시 허리를 굽히고 하던 일을 계속한다.
아직 미자의 얼굴에는 미소가 남아 있다. 그러나 몇 걸음 걸
어가다가 갑자기 걸음을 멈춘다. 그녀의 얼굴이 서서히 충격
과 두려움에 사로잡힌다. 비로소 자기가 왜 이곳에 왔는지 기
억해낸 것이다. 그녀가 뒤를 돌아보면, 여인은 여전히 그 자

리에서 일을 하고 있다. 이제 다시 되돌아갈 수도 없다. 여인이 얼핏 이쪽을 쳐다보는 것 같다. 그녀는 얼른 고개를 돌리고 다시 걷기 시작한다. 그녀의 얼굴은 돌처럼 굳어 있다.

70. 버스 정류장 (낮/외부)

마을 앞 버스 정류장에서 혼자 버스를 기다리며 앉아 있는 미자. 넋을 잃은 것 같은 표정이다. 버스가 다가오는 소리 들리더니, 이윽고 그녀의 앞에 버스가 정거하고 문이 열린다. 그러나 그녀는 꼼짝도 않고 앉아 있다.

71. 버스 안 (낮/내부)

시외버스 안에서 미자는 버스 맨 뒷자리에 앉아서 전화 통화를 하고 있다. 아마도 기범이 아버지와 통화하는 모양이다.

미자   네……. 그게요……. 못 만났어요. 집에 아무도 없더라고요. 그래서 기다리다가 그냥 왔어요. 죄송해요……. 네? 죄송하죠, 만나러 가서 만나지도 못하고 그냥 왔으니까…….

72. 카페 (밤/내부)

저녁 시간의 카페. 시 낭송회 모임이 열리고 있다. 무대에서 사십 대 중반의 남자가 정호승의 시를 읽고 있다.

남회원1   사랑하다가 죽어버려라

오죽하면 비로자나불이 손가락에 매달려 앉아
있겠느냐
기다리다가 죽어버려라
오죽하면 아미타불이 모가지를 베어서 베개로
삼겠느냐

진지하게 듣고 있는 사람들의 표정들. 클로즈 업. 미자의 얼굴도 보인다. 그녀의 얼굴 위로 시 낭송하는 소리가 들린다.

남회원1   새벽이 지나도록

마지(摩旨)를 울리는 쇠종 소리는 울리지 않는데
나는 부석사 당간지주 앞에 평생을 앉아
그대에게 밥 한 그릇 올리지 못하고
눈물 속에 절 하나 지었다 부수네
하늘 나는 돌 위에 절 하나 짓네

사람들이 박수를 친다. 사회를 보는 여자가 나와 마이크를 받는다.

사회자   사랑하다가 죽어버려라. 네, 나도 사랑하다가 죽어버렸으면 좋겠습니다. 마치 찬물로 샤워를 하는 것처럼 정신을 번쩍 들게 해주는 시였습니다. 다음은 안도현 님의 시를 박상태 님이 낭송하시겠습니다.

마이크를 잡고 시를 읽는 박상태. 그와 안도현의 시는 어울리지 않는 것 같기도 하고 또 묘하게 어울리는 것 같기도 하다.

박상태   너에게 묻는다!
             (엄숙한 어조로 말해놓고는 웃으며 고개를 든다.)
             이게 시 제목입니다.

사람들이 웃는다. 시를 다시 읽기 시작하는 박상태. 여전히 엄숙한 목소리다.

박상태   연탄재 함부로 발로 차지 마라
             너는 누구에게 한 번이라도 뜨거운 사람이었느냐?

고개를 드는 박상태.

박상태   끝입니다. 짧아서 좋은 시 같아요.

그는 사회자에게 마이크를 넘기기 전에 한마디 한다.

박상태   아까 사회자가 샤워 얘기를 했는데, 요새 날씨
가 더워서 매일 샤워 안 하면 안 되잖아요? 내
가 샤워에 대해 좀 연구를 했습니다. (사람들이
웃기 시작한다.) 샤워 5단계에 대해 아세요? 몰
라요? 샤워 5단계는……. 1단계, 샤워! 2단계,
누워! (사람들 소리 내어 웃는다.) 3단계…… (약
간 은밀한 목소리로) 세워! 다음에…… 끼워! (웃
음. 특히 여자들이 낄낄거리며 웃음을 참지 못한다.)
마지막에…… (잠깐 뜸을 들이며 사람들을 둘러본
다.) 고마워!

소리 내어 웃으며 박수를 치는 사람들. 여자들의 웃음소리도
크게 들린다.

박상태   감사합니다, 여러분. 건강하시려면 말초신경 좀
자극해줘야 합니다. 저는 이제 병원에서 나와

출근하고 있습니다. 혹시 경찰서에 오실 일이 있으시면 저 찾아주세요.

박상태가 인사하며 내려간다. 뒤이어 박상태에게 마이크를 건네받은 사회자가 웃으며 말한다.

사회자   예, 웃음이 건강에 좋은 보약이라는데, 우리 박
        상태 선생님 늘 우리에게 보약 한 사발씩 선물
        해주셔서 고맙습니다.

미자   (옆에 앉은 조미혜에게) 저분 경찰에 계신 분인가
        보죠?
조미혜   예, 재미있는 분이죠?
미자   여긴 시를 사랑하는 자린데, 시를 사랑하는 것
        은 아름다움을 찾는 거잖아요? 그런데 맨날 저
        런 와이담이나 하고…… . 꼭 시를 모독하는 것
        같아요.
조미혜   (웃으며) 저분이 저래 보여도 순수한 분이에요.
        원래 서울 경찰청에 계셨는데, 경찰 비리를 고
        발했다가 찍혀가지고 여기 시골 경찰서에 내려
        온 거래요.
미자   그래요? 보기하고는 좀 다르네요.

미자는 새삼스럽게 박상태를 쳐다본다. 박상태는 자기 자리로 돌아가서 다시 무슨 농담으로 주변의 여자들을 떠들썩하게 웃기고 있다.

73. 식당 (밤/내부)

음식점의 방 안에 시 낭송회 사람들이 두어 개의 상에 나누어 앉아 있다. 식사는 끝나고, 술을 마시고 있는 중이다. 미자는 조미혜, 여자 회원 몇 명과 함께 앉아 있다. 옆자리에서는 박상태의 농담에 사람들이 큰 소리로 웃고 있다. 조미혜가 박상태를 부른다.

조미혜   박 선생님! 박 선생님! (미자를 가리키며) 이분
           이요, 박 선생님이 시를 모독하신다는데요.

미자 주위에 앉은 여자들이 웃는다. 미자도 따라 웃는다. 박상태는 말없이 취한 눈을 끔벅이며 미자를 보더니, 자리에서 일어나 미자 앞으로 다가온다.

박상태   우리 멋쟁이 누님께서 어째서 내가 시를 모독한
           다고 생각하세요?

조미혜	시를 낭송한다는 것은 시를 사랑하는 거잖아요?
박상태	그래서요?
조미혜	시를 사랑한다는 것은 진정한 아름다움을 찾는 거잖아요?
박상태	진정한 아름다움……. 그건 좀 어려운데……. 내가 좀 무식해가지고……. 그건 그렇고요……?
조미혜	그런데 그 아름다움을 찾는 자리에서 박 선생님께서 맨날 음담패설이나 하신다고요…….
박상태	(미자에게) 아이고, 죄송합니다, 누님! 시를 모독해서 죄송합니다. 반성하겠습니다. 그런 의미에서……. (미자 앞에 놓인 잔에 소주를 따르며) 한잔 올리겠습니다.
미자	저 술 못해요…….
박상태	그래도 한잔하세요. 시를 쓰려면 술을 먹든지 연애를 하든지 해야 된다잖아요.

하는 수 없이 미자가 소주잔을 받아 든다. 그녀가 술을 마시는 동안, 시 낭송회 회장이 김용탁 시인과 함께 방으로 들어선다. 김시인은 사십 대 초반으로 보이는 젊은 남자와 함께 있다. 그들은 둘 다 좀 취해 보인다. 회장이 손뼉을 치며 주의를 끈다. 사람들이 쳐다본다.

회장   여기 좀 봐주세요! 여러분 김용탁 시인님 아시

죠? 우연히 옆방에서 술 마시고 계신 걸 보고

제가 억지로 모시고 왔습니다.

사람들이 박수를 친다.

김시인   반갑습니다. 제가 억지로 끌려온 게 아니고, 우

리 시사랑 회원님들이 여기에 있단 말씀을 듣고

자진해서 인사드리러 왔습니다. 오늘 후배들하

고 술 한잔하러 왔어요. 옆에 있는 이 친구는 황

명승 시인입니다.

사람들이 다시 박수를 친다. 그러나 황명승 시인은 인사도 하
지 않고 고개를 푹 숙인 채 손만 살짝 들 뿐이다. 아무래도 술
이 좀 된 것 같다.

여회원2   선생님, 앉으세요. 앉아서 술 한잔하셔야죠!

김시인이 회장과 함께 미자의 앞 자리에 앉는다. 황명승 시인
도 앉는다. 미자가 김시인에게 인사한다.

미자   선생님, 안녕하세요?

김시인	어? 선생님도 여기 회원이신가?
미자	아니, 회원은 아닌데, 낭송회 왔다가 여기까지 따라왔네요.
김시인	여하튼……. 요즘같이 시가 죽어가는 시대에 여러분들처럼 시를 사랑하는 분들이 있다는 게 참으로 고맙고 행복합니다.
조미혜	(안타깝다는 듯) 선생님, 왜 시가 죽어간다고 그러세요?
김시인	죽어가죠, 시가. 불행히도……. 이제 더 이상 사람들은 시를 읽지도 않고, 쓰지도 않게 될 테니까요…….
황명승	(술에 취해 고개를 숙인 채) 에이, 시 같은 건 죽어도 싸!
김시인	(변명하듯) 이 친구 아직 젊지만, 감성이 뛰어난 시인입니다. 올해 소월문학상 후보에도 올라갔는데, 시가 아주 파격적이에요. 죽은 지 한 달이 된 고양이 같은 하늘빛. 이런 구절 같은 거요……. (웃음)
미자	선생님, 어떻게 해야 시를 쓸 수 있어요?

미자의 질문이 너무 느닷없어서 김시인은 잠깐 당황한 듯 그녀를 바라본다. 사람들도 그녀를 본다. 누군가는 어이없다는

듯 웃는다.

김시인　　참 어렵죠. 시를 쓴다는 게……

김시인이 어정쩡하게 대답한다. 그러나 미자의 표정은 절실
하다.

미자　　너무 어려워요. 아무리 쓰려고 애를 써도 어떻
　　　　게 시를 써야 할지 모르겠어요. 어떻게 하면
　　　　시를 쓸 수 있어요? 선생님이 수업 시간에 그
　　　　러셨잖아요. 누구나 가슴속에 시를 품고 있다
　　　　고……. 가슴속에 갇혀 있는 시가 날개를 달고
　　　　날아오를 수 있다고…….

누군가 킬킬거리고 웃는 소리가 들린다. 황명승이 고개를 숙
인 채 웃고 있다. 그는 김시인을 보며 말한다.

황명승　　선배님이 그런 말씀을 하셨어요? 와, 대단하다!

김시인은 말이 없다. 미자는 여전히 김시인을 쳐다본다. 그때
저쪽 자리에서 누군가 일어난다. 사람들이 박수를 친다. 나이
가 지긋해 보이는 머리가 희끗희끗한 육십 대 초반의 남자가

인사를 한다.

남회원2   제가 두 분 시인님을 환영하는 뜻에서 노래를
한 곡 들려드리겠습니다.

한번 심호흡을 한 뒤에, 이윽고 그는 기름진 바리톤 음성으
로 노래를 하기 시작한다. 독일어로 부르는 슈베르트의 '보리
수'. 아주 잘 부르는 것은 아니지만 꽤나 멋을 부리는 솜씨다.
사람들은 모두 그 노래를 듣고 있다.

74. 식당 마당 (밤/외부)

어두운 식당 마당. 박상태가 담배를 피우기 위해 마당으로 나
와 담뱃불을 붙인다. 혼자 담배를 피우다가 마당 한쪽에 있는
누군가를 발견한 듯 천천히 그쪽으로 걸음을 옮긴다. 마당 한
쪽에 미자가 혼자 쪼그리고 앉아 있다.

박상태   누님, 여기서 혼자 뭐 하세요?

그러나 그녀는 고개를 숙인 채 꼼짝도 않고 있다. 어쩐지 울
고 있는 것 같다. 박상태가 허리를 굽혀 그녀에게 묻는다.

박상태	괜찮아요?
미자	…….
박상태	취했어요?

여전히 대답이 없다. 박상태가 허리를 좀 더 굽힌다. 약하게 흐느끼는 소리가 들린다. 그는 잠시 말없이 그런 그녀를 보고 있다가 다시 말을 붙인다.

박상태	누님, 왜 우세요? 무슨 일 있으세요?
미자	(여전히 대답이 없다. 그러나 흐느낌 소리가 다시 들린다.)
박상태	시 때문에 우세요? 시 못 써서?
미자	…….

그녀의 울음은 계속된다. 박상태는 난감한 듯 서서 보다가 그녀의 옆에 쪼그려 앉는다. 그는 말없이 그녀의 울음이 그치기를 기다리고 있다.

75. 미자의 집 (밤/내부)

어두운 아파트 안. 문이 열리고 미자가 들어온다. 거실의 불을 켜고 가방을 식탁에 내려놓고 잠시 그 자리에 서 있다. 욱이의 방을 본다. 아이는 자고 있는 것 같다. 아이의 방으로 가서 문을 연다. 아이의 방은 불이 꺼져 있고, 아이는 자고 있다. 잠시 문간에 서서 아이를 보다가 식탁으로 간다.

식탁 앞에 서서 가방을 뒤지더니 뭔가를 꺼낸다. 플라스틱 액자에 든 희진의 사진. 그것을 손에 들고 들여다보다가 식탁 위에 세워놓는다.

인서트. 플라스틱 액자에 든 희진의 얼굴.

식탁 앞에 선 채로 그것을 보고 있는 미자의 얼굴.

76. 미자의 집 (아침/외부)

아침. 미자가 싱크대에 서서 음식을 만들고 있다. 욱이의 방 문이 열리며 욱이 나온다. 미자가 아이를 돌아본다.

미자 　　웬일이야, 일요일에? 하루 종일 잘 줄 알았더 니…….

말없이 식탁에 앉는 종욱. 식탁에는 희진의 사진 액자가 그대로 놓여 있다. 미자는 그의 반응을 보고 있다.

욱이의 시선이 사진을 본 것 같다. 약간 움찔하는 것 같기도

하다. 그러나 아이는 시선을 돌린다. 그리고 미자를 쳐다본다. 미자도 아이를 본다. 잠깐 사이 두 사람은 서로 말없이 쳐다보고 있다.

종욱   밥 줘요, 배고파요!

분명 그녀가 예상했던 반응은 아니다. 그러나 미자, 내색하지 않는다. 그녀는 말없이 욱이의 앞에 수저를 갖다 놓는다.

77. 미자의 집 (낮/내부)

미자가 거실의 베란다 창문 아래를 내려다보고 있다.
아이들의 웃음소리 들려온다.

78. 아파트 앞 (낮/외부)

미자의 시점으로 보이는, 일요일 오전의 한가한 아파트 공터. 부감. 열 살 정도의 여자아이 둘이 훌라후프를 하고 있고, 욱이 옆에서 지켜보고 있다. 한 아이가 잘하지 못해서 훌라후프가 자꾸 땅에 떨어진다. 욱이가 떨어진 훌라후프를 집어 들고 시범을 보여주기 시작한다. 허리를 리드미컬하게 움직이며 아이들을 보고 코믹하게 웃는다. 어린아이들도 웃는다.

열심히 몸을 흔들고 있는 욱이. 마치 춤을 추듯 허리를 리드 미컬하게 움직인다.
여자아이들이 그런 그를 보고 있다. 도취한 듯, 열중하고 있는 종욱의 얼굴.

79. 부동산 사무실 (낮/ 내부)

미자가 문을 열고 들어서며 인사한다.

미자	안녕하세요?
기범부	어? 욱이 할머니, 오셨어요?

소파에 앉아 있던 기범이 아버지가 쳐다보며 아는 체한다. 그들은 남녀 두 사람과 마주 앉아 이야기를 하고 있는 중이다.

미자	손님이 계시는데, 나중에…….
기범부	아니, 오세요! 오세요! 욱이 할머니도 아실 만한 분들이니까, 이리 오세요.

기범이 아버지가 일부러 일어나서 그녀를 소파로 데려가 자리에 앉힌다. 미자는 비로소 그중 한 사람이 지난번에 만났던 오동민 기자임을 알아본다. 그리고 오기자 옆에는 희진이 엄마가 앉아 있다. 놀라고 당황하지만, 이미 너무 늦었다. 기범이 아버지가 그들에게 미자를 소개한다.

기범부 인사하세요, 욱이 할머니. 희진이 엄마세요.
미자 ……안녕하세요.

그녀가 고개를 숙여 인사한다. 희진이 어머니와 눈이 마주친다. 그녀의 얼굴이 놀라 굳어진다. 그러나 미자는 아무 말도 하지 못한다.

기범부 박종욱이란 아이 할머니세요. (미자를 돌아보며) 지난번에 희진이 집으로 한번 찾아가셨더랬는데……. 욱이 할머니가 너무 마음이 아프고 죄송해서 사과하고 싶다고 혼자 댁으로 찾아가셨다가……. 못 만나고 그냥 오셨다고 했죠?

희진이 어머니가 말없이 그녀를 본다. 도무지 이해할 수 없다는 표정이다. 뭔가 입을 열어 말을 할 듯하다가 만다. 잠시 약간 어색한 침묵이 흐른다.

순창부	(희진이 엄마에게) 저……. 희진이 동생이 내년에 중학교 올라간다고 그러셨죠?
희진모	예.
순창부	공부는 잘하는지 모르겠네. 공부 잘해야 할 텐데…….
희진모	……뭐, 고만고만해요.
순창부	예……. 공부 착실히 잘해야 될 텐데……. 엄마가 이렇게 혼자서 고생하시는데…….

갑자기 자리에서 일어나는 미자. 문 쪽으로 걸어간다. 기범이 아버지가 놀라 쳐다본다.

기범부	욱이 할머니 어디 가세요?

그러나 그녀는 말없이 사무실 문을 열고 나간다.

80. 부동산 중개소 앞 (낮/외부)

부동산 사무실을 나온 미자, 그 자리를 조금이라도 빨리 벗어나고 싶다는 듯이 막 길을 건너려 할 때 기범이 아버지가 뒤따라 사무실을 나온다.

144 시 *Poetry* 각본집

기범부	욱이 할머니!

미자가 걸음을 멈추고 돌아서면, 기범이 아버지가 그녀에게 다가온다.

기범부	왜 왔다가 그냥 가시려고 하세요? 어떻게……. 돈은 마련하셨어요?
미자	사실은……. 돈을 못 구했어요. 그 말 하려고 왔어요. 혹시 기다리실까 봐…….
기범부	그럼 어떻게 해요? (신경질적으로 목소리를 높였다가, 다시 낮춘다.) 지금 진짜 급하거든요. 여자애 엄마하고 이야기 잘되려고 한다고요. 진짜 어렵게 여기까지 나오게 했거든요. 저기 저 기자가 다리를 놔가지고……. 예? 그런데 이제 와서 돈 안 된다고 하면 어떡해요? (답답하다는 듯이 미자를 보다가) 따님한테 이야기 안 하셨어요?
미자	아직 안 했어요.
기범부	왜 안 하세요? 하셔야죠. 지금 사정을 이해를 못 하시겠어요?

그녀는 사무실 쪽을 돌아본다. 유리창 너머 말없이 미자를 보고 있는 희진 엄마의 모습이 보인다. 지극히 일상적이고 어수

선한 거리의 풍경이 반사된 넓은 통유리 창 한쪽에 모자이크 된 것처럼 보이는 희진 엄마의 얼굴. 두 사람 서로를 말없이 보고 있다.

81. 거리 (낮/외부)

기범이 아버지와 헤어져 차들이 달리는 넓은 도로를 무단 횡단해서 건너오는 그녀. 좀 위험해 보인다. 차들이 경적을 울리지만, 그녀의 귀에는 들리지도 않는 것 같다.

82. 강노인의 집 (낮/내부)

강노인 집 거실. 오늘 무슨 날인지 오랜만에 가족들이 다 모인 것 같다. 두 아들 내외와 그들의 아이들까지 모여 있고, 아이들은 한 명씩 의자에 앉아 있는 강노인에게 가서 뽀뽀를 하는 중이다. 아이들은 싫지만 억지로 할아버지에게 다가가서 얼굴을 찡그리고 입을 맞추고 부리나케 달아나듯 떨어진다. 그러나 어른들은 그런 모습이 재미있다는 듯 소리 내어 웃고 있다. 강노인도 일그러진 얼굴에 비틀린 미소를 떠올린다.

초인종이 울린다. 아들이 나간다. 현관 쪽에서 이야기하는 소리 들리더니, 이윽고 아들이 미자와 함께 들어온다.

슈퍼여자 (약간 놀란 얼굴로 일어선다.) 어머, 아주머니. 웬일이세요? 갑자기?

미자   내가 갑자기 찾아왔죠?

슈퍼여자 예, 웬일이세요?

미자   저기, 회장님한테 할 이야기가 있어서 왔어요.

미자가 강노인을 본다. 강노인도 미자를 본다. 식구들이 그런 두 사람을 말없이 쳐다보고 있다. 이윽고 강노인이 지팡이를 짚고 힘들게 일어나 방으로 먼저 들어간다. 미자가 뒤따라 들어간다.

83. 강노인의 방 (낮/내부)

문이 열려 있어서, 거실의 사람들이 떠들고 이야기하고 있는 모습이 보인다. 아이들이 저희들끼리 어수선하게 장난을 치며 놀고 있고, 할아버지의 방으로 뛰어 들어왔다가 나가기도 한다.
강노인이 자기 자리에 앉아 미자를 쳐다보고 있다. 미자가 수첩에 뭔가를 써서 강노인에게 내민다. 늘 들고 다니며 시상을 메모하던 그 수첩이다. 강노인이 수첩을 받아 들여다본다.

인서트. 수첩에 적힌 그녀의 글씨.

> 오백만원만 주세요.
> 부탁입니다
> 이유는 묻지 마시고요.

강노인이 고개를 들어 그녀를 쳐다본다.

미자   (목소리를 낮춰) 빌려달라고 하고 싶지만…….
           그럴 수는 없네요. 어차피 못 갚을 테니까요.

강노인   왜……. 왜, 내가…….

자신도 모르게 목소리가 커진 것을 의식한 강노인이 볼펜을 집어 들고 미자의 수첩에 뭔가 쓰기 시작한다. 그것을 받아 보는 미자.

인서트. 삐뚤삐뚤하게 쓰인 강노인의 글씨.

> 왜 내가 돈을 줘야 하나

이유도 없이

마침 안주인이 주스 한 잔을 가져다 미자 앞에 놓는다. 미자
는 얼른 수첩을 옆으로 밀쳐놓는다.

슈퍼여자   (웃으며 미자에게) 우리 아버님한테 무슨 할 이
          야기가 있어서 오셨다는데……. 뭐 중요한 이야
          긴가 봐요?
미자   (역시 안주인을 쳐다보며 웃는다.) 뭐 별 이야긴 아
          니고요……. (사이) 회장님한테 돈 받을 게 있어
          서 왔어요.
슈퍼여자   (웃으며) 돈 받을 거요? 무슨 돈이요?

미자가 농담하듯 웃고 있어서 안주인도 농담인지 아닌지 분
간할 수가 없는 듯하다. 그녀는 여전히 웃으며 시아버지를 쳐
다본다.

슈퍼여자   아버님, 이 아주머니한테 뭐 빚진 거 있으세요?

강노인은 대답이 없다. 미자도 더 이상 말없이 웃고만 있다.
안주인이 두 사람을 보다가 어색하게 웃으며 자리에서 일어
난다. 강노인이 수첩에 다시 글씨를 쓴다. 미자가 수첩을 받

아 본다.

인서트. 강노인의 글씨.

협박하나

미자   뭐라고 생각하셔도 좋아요. 변명은 않겠어요.

미자가 속을 알 수 없는 얼굴로 태연하게 말한다. 그런 그녀를
강노인이 말없이 보고 있다. 얼굴 한쪽이 부들부들 떨린다.

84. 부동산 중개소 (낮/내부)

순창이 아버지 사무실. 중국집 배달원이 가져온 음식들을 탁
자 위에 늘어놓고 있다. 음식 접시들이 꽤 많다. 기범이 아버
지가 탁자 위에 대충 상을 차리고 있고, 한쪽에선 순창이 아
버지가 어디론가 전화를 하고 있다.

순창부   예, 예……. 태열이 아버지는 금방 오신다고 했
            고, 병진이 아버지도 약속이 있는데, 한 시간 뒤
            에 합류하기로 했으니까. 예, 오세요. 예.

문을 열고 들어서는 미자. 두 사람이 그녀를 쳐다본다. 그녀가 기범이 아버지 앞으로 다가와 선 채로 가방을 열고 돈 봉투를 내민다.

기범부   아, 드디어 구하셨어요?
        (봉투를 받는다.)
미자   (뭔가 말을 할 듯하다가) 저, 그럼 가볼게요.
기범부   앉으세요, 일단. 왜 이렇게 바쁘세요?

하는 수 없다는 듯 자리에 앉는 미자. 기범이 아버지가 돈 봉투를 들여다본 뒤 그녀를 쳐다보며 웃는다.

기범부   전부 현찰이네? 진짜 은행 터셨어요?
미자   희진이 엄마랑은 얘기는 잘됐어요?
기범부   예, 잘됐어요. 이제 위자료 삼천만 원만 넘어가
        면 모든 게 다 깨끗하게 마무리됩니다. 욱이 할
        머니 돈까지 됐으니까, 노 프라블럼! (웃음) 이
        제 아무 문제없습니다. 그래 가지고 지금 저희
        들끼리 간단하게 한잔하려고요……. 다들 마음
        고생 좀 했으니까…….
미자   이제 이대로 다 끝난 건가요? ……완전히?
순창부   완전히 끝났다고는 할 수 없지요. 피해자가 성

인인 경우에는 합의만 하면 끝나는데, 미성년자
인 경우에는 누가 경찰에 고발을 하면 수사를
해야 하거든요. 그래도 우리는 학교하고 얘기를
끝냈고, 언론 쪽도 막았고, 피해자 가족하고도
합의를 했으니까 이제 걱정 안 하셔도 됩니다.
욱이 할머니도 식사 전이실 텐데 함께 하시죠?

미자   저는, 가봐야 돼요. (자리에서 일어난다.)

85. 거리 (낮/외부)

부동산 사무실을 나와 거리를 걸어가는 미자를 카메라가 따
라간다. 청소년들이 많이 다니는 거리인 것 같다. 오락실 앞
에서 걸음을 멈추는 그녀. 손차양을 하고 안을 들여다보더니,
문을 열고 안으로 들어간다.

86. 오락실 내부 (낮/내부)

오락실 안. 군데군데 오락기 앞에서 아이들이 오락을 하고 있
다. 오락기에서 나오는 각종 소리들로 시끄럽고 어수선하다.
안으로 걸어가는 그녀의 뒤를 카메라가 따라간다. 구석에 있

는 어느 오락기 앞에 욱이 친구들이 모여서 킬킬거리며 게임을 하고 있다. 욱이 돌아보고, 그녀가 말없이 욱이의 팔을 잡아끈다.

종욱   왜?
미자   나와!
종욱   아, 왜?

말없이 팔을 잡아끄는 그녀. 할머니의 서슬이 심상치 않다고 느꼈는지, 처음에 조금 뻗대던 아이가 순순히 따라나선다. 그런 그들을 친구들이 빙글거리며 보고 있다. "안녕히 가세요." 하고 인사하는 놈도 있다.

87. 피자집 (낮/내부)

그리 크지 않은 피자집 내부. 한쪽 테이블에 앉은 미자와 욱이 앞에 종업원이 막 피자를 갖다 놓고 있다.

종업원   맛있게 드세요.

종욱이 피자 한 조각을 들고 먹기 시작한다. 그녀는 피자에는 손을 대지 않은 채, 아이가 먹는 모습을 보고만 있다.

미자   맛있나?

종욱   …….

미자   맛있어?

종욱   (고개를 끄덕이며 먹기만 한다.)

미자   오늘 집에 가서 목욕해라.

종욱   왜?

미자   그냥……. 목욕도 하고, 손톱 발톱도 깎고…….
             이발은 한 지 오래 안 됐으니까 괜찮고……. 단
             정히 해야지. 내일 엄마도 오는데…….

종욱   엄마는 왜 와?

미자   내가 불렀어. 오라고……. 엄마 본 지 오래됐잖
             아?

종욱은 더 이상 말없이 먹기만 하고 있다.

88. 미자의 집 (밤/내부)

거실 창밖이 어두워져 있다. 미자가 종욱의 발톱을 깎아주고
있다. 아이는 방금 목욕을 마친 것 같다.

154   시 Poetry 각본집

미자	이것 봐라. 여기는 때가 그대로 있다. 뭐가 아까워서 여기 때는 남겨뒀냐? 응?
종욱	(대꾸가 없다.)
미자	목욕할 때는 발뒤꿈치, 여기, 이런 데를 박박 밀어야지, 때밀이 타올은 폼으로 갖고 다니냐? 색깔이 예뻐서 들고 다녀?
종욱	…….
미자	너는 항상 그래. 목욕 하나도 그냥 건성이야. 세수할 때도 너는 얼굴만 씻잖아. 고양이 세수하는 것같이……. 귀 뒤에, 목 뒤에……. 구석구석 씻지 않고……. 사람은 언제나……. 몸을 깨끗이 해야 돼. 몸이 깨끗해야 마음이 깨끗한 거야.

지겹도록 반복해온 것 같은 잔소리. 그러나 그녀는 잔소리를 늘어놓으면서도 정성스럽게 발톱을 깎아주고 있다. 아이는 말없이 그녀에게 발을 내맡기고 앉아 있다. 잠시 발톱 깎는 소리만 톡, 톡, 들린다.

89. 아파트 앞 공터 (밤/외부)

가로등이 켜져 있어서 그리 어둡지는 않다. 배드민턴을 치고 있는 미자와 종욱. 한쪽에는 아이들이 놀고 있고, 화단 옆 벤치에는 파자마 바람의 노인들이 앉아서 이야기를 하고 있다. 평화로운 밤이다.

어두운 허공으로 하얀 포물선을 그리며 셔틀콕이 날아다닌다. 라켓을 휘두를 때마다 미자의 입에서는 연신 어린애처럼 흥분된 호흡 소리, 안타까운 비명이 터져 나오고, 종욱은 조금 심드렁하게 받아주는 듯 보이지만 그래도 나름 열심히 치고 있는 중이다.

두 사람이 배드민턴을 치고 있는 동안, 화면 한쪽 큰길 방향에서 차가 한 대 들어온다. 아파트 입구에서 차가 서고, 두 남자가 차에서 내린다. 그들이 좀 더 다가오면 그중 한 사람은 박상태임을 알 수 있다. 그의 곁에는 좀 더 젊어 보이는 남자 (김형사)가 함께 있다. 그들은 미자와 종욱이 배드민턴을 치는 모습을 구경하듯 서서 보고 있다.

박상태   (미자를 응원하듯 장난스럽게 소리친다.) 나이스 샷! 잘한다! 잘한다!

미자는 박상태를 알아보지만, 아는 체를 하지 않는다. 그들은 마치 늘 보는 동네 사람들처럼 자연스럽게 배드민턴을 치고, 그 모습을 구경하고 있다. 종욱이 친 셔틀콕이 미자의 머리 위를 지나 뒤쪽 나뭇가지 위에 걸린다. 미자가 나무 밑으로 가서 난감한 표정으로 쳐다본다.

나뭇가지 위에 걸린 하얀 셔틀콕. 나뭇가지 쪽에서의 부감. 미자가 올려다보며 라켓으로 가지를 건드려 콕을 떨어트리려 하고 있고, 그 뒤로는 지켜보고 있던 욱이 다가오는 모습이 보인다. 그때 사내들이 욱이를 부르고 욱이 걸음을 멈추고 돌아본다. 이윽고 사내들 쪽으로 다가가는 종욱. 두 사람이 종욱에게 뭔가 이야기하고 있다. 그동안에도 그녀는 계속 라켓을 휘두르며 콕을 떨어트리려 하고 있다. 떨어질 듯 떨어질 듯하면서도 잘 떨어지지 않는 콕. 이윽고 라켓이 가지를 건드리자 마침내 콕이 땅에 떨어진다. 다가와 콕을 줍는 미자.

그녀가 콕을 줍고 돌아서면, 종욱 대신 박상태가 라켓을 들고 서 있다.

박상태   누님! 내가 한 수 가르쳐드릴까요?
             (그가 웃으며 장난스럽게 라켓을 휘두른다. 젊은 사
             내가 지나가며 한마디 던진다.)
김형사   폼이 영 아니잖아요, 박 형사님.
박상태   내 폼이 어때서? 이만하면 멋있지! (미자에게 소리친다.) 자, 누님! 서브!

젊은 사내는 종욱을 데리고 차 있는 쪽으로 걸어가는 중이다.
막 서브를 넣으려는 그녀의 곁으로 두 사람이 지나간다. 그녀
와 종욱의 눈이 마주친다. 그러나 두 사람은 아무 말이 없다.
이윽고 미자가 서브를 넣고 박상태가 소리를 지르며 다시 넘
긴다. 그녀가 받는다. 어두운 허공 속으로 하얀 셔틀콕이 왔
다 갔다 날아다닌다. 두 사람은 의외로 호흡이 잘 맞는 것 같
다. 칠 때마다 박상태는 과장해서 소리를 지른다.

박상태　　　나이스 샷! 잘한다! 우리 누님 멋지다!

그러나 미자는 헛치고 만다. 그녀는 돌아서서 땅에 떨어진 콕
을 줍는다. 젊은 사내와 차에 타고 있는 종욱이 보인다. 헤드
라이트를 켜고, 이윽고 출발하는 차. 미자는 차가 건물을 돌
아 사라질 때까지 보고 있다가 이윽고 몸을 돌린다. 박상태가
손짓으로 치라는 시늉을 한다. 미자, 서브를 넣는다.
이제 박상태도 왠지 말이 없다. 침묵 속에 배드민턴을 치고
있는 두 사람. 어둠 속에 하얀 셔틀콕만이 소리 없이 날아다
니고 있다.

90. 미자의 집 (밤/내부)

미자의 아파트 거실. 식탁에 앉아 뭔가를 열심히 쓰고 있는 미자의 뒷모습. 전등 불빛이 비치는 그녀의 얼굴 앞쪽만 밝다.

91. 강의실 (낮/내부)

탁자 위에 놓인 꽃 인서트. 창문으로 햇살이 밝게 들어오는 문화원 강의실. 문학 강좌의 마지막 시간이다. 강의가 시작되기 전 여자 수강생들이 모여서 잡담을 나누며 웃고 떠드는데, 김시인이 들어선다. 여자들 킥킥거리고 웃으며 재빨리 자기 자리로 가서 앉는다. 김시인은 탁자 위에 놓인 꽃을 본다.

김시인   오늘 마지막 날이라고 꽃도 갖다 놓으셨네요.
                감사합니다. 감동했어요.

그는 정말 감동한 듯한 얼굴을 하고 있다. 누군가 머뭇거리다가 말한다.

수강생3   사실은……. 저희가 놓은 게 아니고요, 양미자
                씨가 갖다 놓고 가셨는데요.

김시인	양미자 씨요?

그러고 보니 탁자 위에는 흰 종이가 놓여 있다. 김시인이 그
종이를 들어본다.

김시인	시도 쓰셨네? 그런데 어디로 가셨어요?

아무도 대답이 없다.

김시인	다른 사람은 시 가지고 온 분 없어요? 오늘까지 시 한 편씩 써서 내기로 했잖아요. 시 쓰신 분?

그는 수강생들을 쳐다본다. 아무도 손을 드는 사람이 없다.

김시인	쓰신 분 아무도 없어요?

다시 한번 묻는 김시인. 수강생들은 스스로 면구스럽다는 듯
웃는다.

김시인	시를 쓴 사람은 양미자 씨밖에 없네요.
수강생 4	너무 어려워요.
김시인	아니에요. 시 쓰는 게 어려운 게 아니라 시를 쓰

겠다는 마음을 갖는 게 어려운 거예요. 시를 쓰는 마음! (그는 말을 멈추고 수강생들을 쳐다본다. 사이. 그는 다시 미자가 낸 종이를 손에 든다.) 어쨌든 양미자 씨는 이 자리에 없지만, 어떤 시를 썼는지 한번 보기로 하지요. 내가 대신 읽어보겠습니다. 제목은 '아녜스의 노래'.

시를 읽기 시작하는 김시인. 쳐다보고 있는 수강생들.

김시인   아녜스의 노래. 양미자.

92. 미자의 집 (낮/내부)

미자의 아파트 안. 싱크대 위 좁은 창문으로 희미한 햇살이 비껴 들어오고 있을 뿐, 집 안은 비어 있다. 현관문 쪽에서 달그락 소리가 들리는가 싶더니, 문이 열리고 미자의 딸(김수옥)이 들어온다. 사십 대 초반 정도 되어 보인다. 신발을 벗고 들어서며 미자를 부른다.

수옥   엄마!

대답이 없다. 그녀는 안방과 욱이 방의 방문을 열어본다. 집 안에 미자는 보이지 않는다. 식탁에 앉는다. 핸드폰으로 전화를 건다. 그러나 신호는 가지만, 전화는 받지 않는 듯하다. 멍하니 그 자리에 앉아 있다. 미자의 부재가 주는 알 수 없는 느낌에 사로잡힌 것 같은 얼굴이다. 시를 읽는 양미자의 목소리가 들리기 시작한다.

미자(O.S)   그곳은 어떤가요
          얼마나 적막하나요

93. 아파트 앞 (낮/외부)

누군가의 시점으로 보이는 나무. 바람에 흔들리는 나뭇잎들. 카메라 틸트다운하면, 미자가 시상을 떠올리기 위해 앉아 나무를 올려다보던 곳. 미자가 앉았던 자리에 '씬 20'의 동네 할머니가 앉아서 나무를 올려다보고 있다. 미자와 욱이 배드민턴을 치던 아파트 앞 작은 공터에는 아이들이 훌라후프를 하며 놀고 있다. 미자의 목소리 계속된다.

미자(O.S)   저녁이면 여전히 노을이 지고
          숲으로 가는 새들의 노랫소리 들리나요

차마 부치지 못한 편지
당신이 받아볼 수 있나요
하지 못한 고백
전할 수 있나요
시간은 흐르고 장미는 시들까요

94. 버스 정류장 (낮/외부)

아파트 앞 버스 정류장. 그녀가 늘 버스를 타던 곳. 여느 때와
다름없는 풍경이지만, 오늘따라 버스를 기다리는 사람은 아
무도 없이 비어 있다. 버스가 한 대 와서 선다. 그러나 아무도
내리지 않는다. 버스가 다시 출발한다.

미자(O.S)   이제 작별을 할 시간
　　　　　　머물고 가는 바람처럼
　　　　　　그림자처럼

95. 학교 (낮/외부)

종욱의 학교. 학교에 늦은 한 소녀가 빈 운동장을 가로질러

걸어가고 있다.

미자(O.S)   오지 않던 약속도
             끝내 비밀이었던 사랑도

운동장 너머 교사 건물 쪽에서 아이들의 웃음소리가 들린다.
미자의 목소리가 어느새 소녀의 목소리로 바뀐다.
희진의 목소리다.

희진(O.S)   서러운 내 발목에 입 맞추는
             풀잎 하나

96. 복도 (낮/내부)

수업 시간인 듯 텅 빈 복도. 교실에서 수업을 하고 있는 소리
들린다. 아이들이 왁자하게 웃는다. 카메라, 누군가의 시점처
럼 교실 유리창으로 다가간다. 유리창 너머로 보이는 교실.
아이들이 큰 소리로 따라 읽고 있다. 소녀의 소리 계속된다.

희진(O.S)   나를 따라온 작은 발자국에게도
             작별을 할 시간

97. 희진의 집 (낮/외부)

희진의 집 마당. 개가 뭔가를 쳐다보며 연신 꼬리를 흔들고 있다. 카메라가 가까이 다가가면, 더욱 흥분해서 꼬리를 흔든다. 껑충껑충 뛰기도 한다.

희진(O.S)   이제 어둠이 오면
다시 촛불이 켜질까요
나는 기도합니다
아무도 눈물은 흘리지 않기를

98. 마을 입구 (낮/외부)

희진의 동네 앞. 황금빛 저녁 햇살이 빛나는 버스 차창 밖으로 버스와 뜀박질 경주하듯 달리는 아이가 보인다. 희진의 동생. 연신 버스 쪽을 힐끔거리며 힘을 다해 달린다. 마침내 집으로 들어가는 골목까지 당도하자, 두 손을 만세 부르듯 번쩍 들며 골인하는 모습이 보인다.

희진(O.S)   내가 얼마나 간절히 사랑했는지
당신이 알아주기를

저만큼 버스 정류장이 보인다. 여학생 두어 명이 버스를 기다리고 있다. 버스가 도착하고 학생들이 타면 다시 출발한다. 기울어진 저녁 햇살 사이로 멀어져가는 버스.

희진(O.S)　　여름 한낮의 그 오랜 기다림,
　　　　　　아버지의 얼굴 같은 오래된 골목
　　　　　　수줍어 돌아앉은 외로운 들국화까지도
　　　　　　내가 얼마나 사랑했는지

99. 아파트 앞 (저녁/외부)

롱샷. 저녁 어스름 속의 미자의 아파트 앞 공터. 멀리 아이들이 소리 지르며 놀고 있다. 퇴근해서 돌아오는 사람들의 모습도 보인다.

희진(O.S)　　당신의 작은 노랫소리에
　　　　　　얼마나 가슴 뛰었는지

100. 다리 위 (낮/외부)

새로 지어진 높은 콘크리트 다리. 카메라 누군가의 시점으로 다리 난간으로 천천히 다가가면, 이윽고 열네댓 살 되어 보이는 한 소녀의 뒷모습이 프레임인 된다. 카메라 그녀의 뒤를 따라간다.

희진(O.S)   나는 당신을 축복합니다
　　　　　　검은 강물을 건너기 전에
　　　　　　내 영혼의 마지막 숨을 다해
　　　　　　나는 꿈꾸기 시작합니다
　　　　　　어느 햇빛 맑은 아침
　　　　　　다시 깨어나 부신 눈으로
　　　　　　머리맡에 선 당신을 만날 수 있기를

난간에 붙어 서서 다리 아래를 내려다보는 소녀의 뒷모습에서 시가 끝난다.

그녀의 시점으로 보이는 다리 아래의 검은 강물. 부감.
아래를 내려다보고 있는 소녀의 뒷모습. 문득 고개를 들고 돌아본다. 희진이다. 카메라를 정면으로 바라보는 희진의 얼굴 클로즈업.

101. 강가 (낮/외부)

강가의 풍경. '씬 1'과 같은 장소. 멀리 다리가 보인다. 끊임
없이 밀려오는 물결 위에 햇빛이 반짝인다. 물소리, 새소리,
바람 소리 등 온갖 자연의 소리들이 들려온다.

화면 앞으로 끊임없이 밀려오는 물살. 천천히 F.O.
어둠 속에서도 물소리는 계속되다가 서서히 잦아든다.
그리고 정적.

작가 노트 × 현장 스틸

한 편의 '시'가 피어나던 순간들

…아이의 눈으로 보이는 아름다움.
그러나 아이는 그 아름다움을 인식하지
못하고 있음이 분명하다. 해가 지고 있다.
노을. 그리고 시체.

시 *Poetry* 각본집

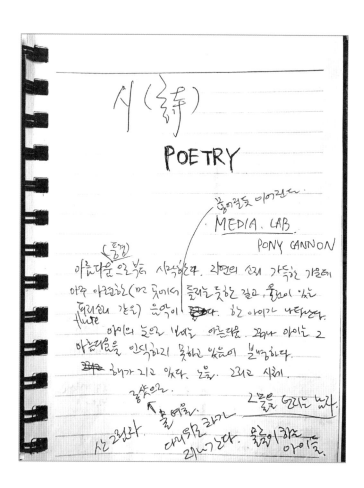

시 (詩)

POETRY

흘러가듯 이어진다

MEDIA. LAB.
PONY CANNON

(풍경)

아름다움 으로 부터 시작한다. 화면의 선재 가득한 가을에
아주 아련하고 (먼 곳에서 들려오 듯하는 걸로 .물씬이 있는
플레이의 감촉) 음악이 흐른다. 한 아이가 나타난다.
flute
아이의 눈으로 비치는 아름다움. 그러나 아이는 그
아름다움을 인식하지 못하고 있음이 분명하다.
해가 지고 있다. 노을. 그리고 시계.

클로즈업.
← 풀 역율.
시그러진다.
그물을 던지는 낚시.
다시 위로 크다. 물질이하는
리니고다. 아이들.

여백이 많은 영화

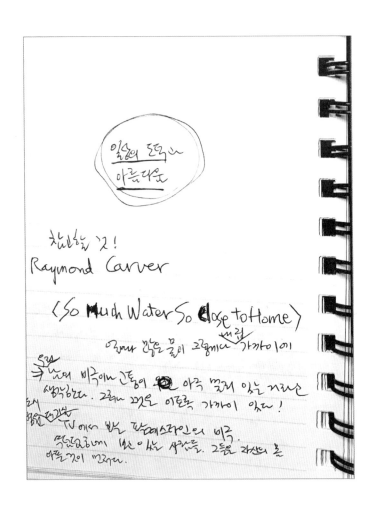

일상의 도덕과 아름다움

우린 남의 비극이나 고통이
아주 멀리 있는 거라고 생각한다.
그러나 그것은 이토록 가까이 있다!

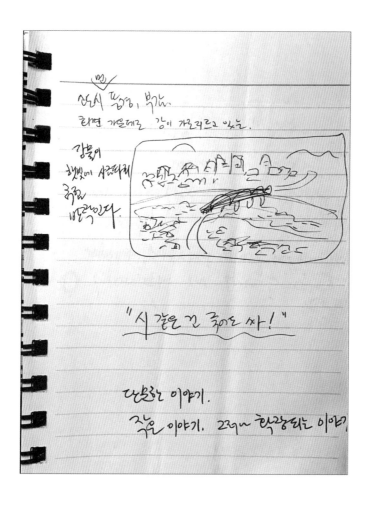

"시 같은 건 죽어도 싸!"

단순한 이야기.
작은 이야기. 그러나
확장되는 이야기.

단순한 모험이 아닌, 도덕성의 시험

60대 중반의 소녀 같은 할머니.
늘 소풍 가는 것처럼 모자를 쓰고
스카프도 하고 다니는 여인.
시를 배우는 할머니. 그러나…

시 Poetry 각본집

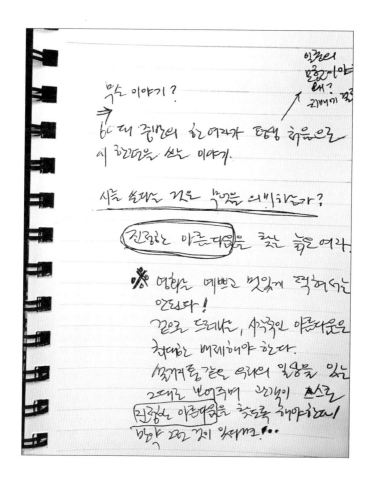

시를 쓴다는 것은 무엇을 의미하는가?

영화는 예쁘고 멋있게 찍혀서는 안 된다.
겉으로 드러나는 시각적인 아름다움은 최대한 배제해야 한다.
설거지통 같은 우리의 일상을 있는 그대로 보여주며
관객이 스스로 '진정한 아름다움'을 찾도록 해야 한다.
만약 그런 것이 있다면…

'시'는 해답을 찾아 헤매지 않는다.
사건으로 시작해서 그것이 어떻게 발전하는지 바라볼 뿐이다.
그 중심에 있는 미자는 어쩌면 그녀에게 남은 기억을 절망감으로
채우지 않기로, 세상의 수많은 고통에 자신의 것을 더하지 않기로
결심했는지도 모른다. 어쩌면 모든 것은 그처럼 단순한 것인지도 모르겠다.
그리고 영화의 마지막, 가슴 깊이 사무치는 배드민턴 장면이
아직도 눈에 선하다는 것을 덧붙이지 않을 수 없다.

로저 이버트
Roger Ebert, 1942~2013, 미국의 영화평론가

• 이어지는 183~188쪽에 수록된 자료는 국내외 비평가들이 "비극적 상황을 아름다
움의 절정으로 승화시킨 명장면"이라고 극찬한 미자와 종욱의 배드민턴 씬(이 책
155~158쪽 오리지널 시나리오 '씬 89' 참조) 촬영 시나리오와 이창동 감독이 직접 스케치
한 콘티이다.

97. 아파트 앞 공터(밤/외부)

C#1 배드민턴 치는 미자, 욱이(L.S). 미자 앞모습.

배드민턴을 치고 있는 미자와 욱이. 미자는 **나무쪽(S#17과 반대)**. 한쪽에는 아이들이 놀고 있고, 화단 옆 벤치에는 파자마 바람의 노인들이 앉아서 이야기를 하고 있다. **평화로운 밤이다.**

C#3 미자 단독(B.S)

어두운 허공으로 하얀 포물선을 그리며 셔틀콕이 날아다닌다. 라켓을 휘두를 때마다 미자의 입에서는 연신 어린애처럼 흥분된 호흡 소리, 안타까운 비명이 터져 나온다.

C#2 욱이 단독(B.S)

B방향

욱이는 조금 심드렁하게 받아주는 듯 보이지만 그래도 나름 열심히 치고 있는 중이다.

C#4 미자 O.S. 욱이.

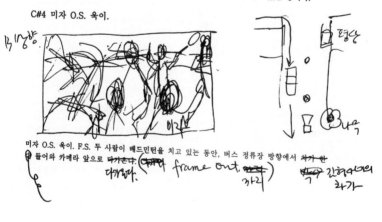

B방향

미자 O.S. 욱이. F.S. 두 사람이 배드민턴을 치고 있는 동안, 버스 정류장 방향에서 차가 한 들어와 카메라 앞으로 다가온다. (frame out. 자리)

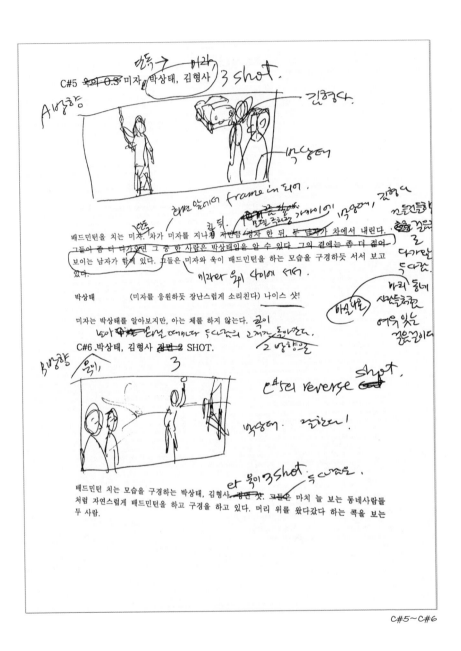

C#5 유의 O.S 미자, 박상태, 김형사 3 shot.

배드민턴을 치는 미자. 차가 미자를 지나쳐 자면틈 정자 한 뒤, 두 남자가 차에서 내린다.
그들이 좀 더 다가오면 그 중 한 사람은 박상태임을 알 수 있다. 그의 곁에는 좀 더 젊어
보이는 남자가 함께 있다. 그들은 미자와 욱이 배드민턴을 하는 모습을 구경하듯 서서 보고
있었다.

미라와 욱이 다이에 서다.

박상태   (미자를 응원하듯 장난스럽게 소리친다) 나이스 샷!

미자는 박상태를 알아보지만, 아는 체를 하지 않는다. 욱이

C#6 박상태, 김형사 정면 2 SHOT.

배드민턴 치는 모습을 구경하는 박상태, 김형사. 정면 샷. 그들은 마치 늘 보는 동네사람들
처럼 자연스럽게 배드민턴을 하고 구경을 하고 있다. 머리 위를 왔다갔다 하는 콕을 보는
두 사람.

C#7 배드민턴 치는 미자 단독(W.S. 정도) 앞모습 → 뒷모습.

A방향 절묘

배드민턴을 치는 미자. 옥이 친 셔틀콕이 미자의 머리 위를 지나 뒤쪽 나뭇가지 위에 떨어진다. 미자가 나무 밑으로 가서 난감한 표정으로 쳐다본다. (M.S. 땐 F.S.)

C#8 나무 위 셔틀콕 쪽에서 보는 미자. 부감.

B방향

나뭇가지 위에 걸린 하얀 셔틀콕. 나뭇가지 쪽에서의 부감. 미자가 쳐다보며 라켓으로 가지를 건드려 콕을 떨어트리려 하고 있고, 그 뒤로는 지켜보고 있던 옥이 다가오는 모습이 보인다. 그때 사내들이 옥이를 부르고 옥이 걸음을 멈추고 돌아본다. 이윽고 사내들 쪽으로 다가가는 옥. 두 사람이 옥이에게 뭔가 이야기하고 있다. 그 동안에도 그녀는 계속 라켓을 휘두르며 콕을 떨어트리려 하고 있다. 떨어질 듯 떨어질 듯 하면서도 잘 떨어지지 않는 콕. 이윽고 라켓이 가지를 건드리자 마침내 땅에 떨어진다. (CAMERA, 콕을 따라 TILT DOWN) 다가와 콕을 줍는 미자.

C#7~C#8

C#9 미자 단독(뒷모습→ 앞모습)

나무 밑으로 다가가 콕을 줍는 미자. 그녀가 콕을 줍고 돌아서면, 박상태의 목소리 들린다.

박상태(O.S)   누님! 내가 한 수 가르쳐 드릴게요.

C#10 박상태 단독

욱이 대신 라켓을 들고 서 있는 박상태.

박상태(O.S)   누님! 내가 한 수 가르쳐 드릴게요.

(그가 웃으며 장난스럽게 라켓을 휘두른다. 김형사가 지나가며 한마디 던진다.)

김형사   폼이 영 아니잖아요, 박형사님.
박상태   내 폼이 어때서? 이만 하면 멋있지! (미자에게 소리친다) 자, 누님! 서브!

김형사는 욱이를 데리고 차 있는 쪽으로 걸어가는 중이다.

C#11 미자 O.S. 박상태, 욱이, 김형사

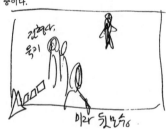

김형사   폼이 영 아니잖아요, 박형사님.
박상태   내 폼이 어때서? 이만 하면 멋있지! (미자에게 소리친다) 자, 누님! 서브!

김형사는 욱이를 데리고 차 있는 쪽으로 걸어가는 중이다. 막 서브를 넣으려는 그녀의 곁으로 두 사람이 지나간다. 그<del>때</del>미 옥이의 눈이 마주친다. 그러나 두 사람은 아무 말이 없다.
이윽고 미자가 서브를 넣고 박상태가 소리를 지르며 다시 넘긴다. 그녀가 받는다.

C#12 미장 단독 → 미자, 옥이, 김형사 3 SHOT.

A 방향.

옥이를 보는 미자. 옥이와 김형사, 화면 오른쪽에서 FRAME IN 되어 그녀를 지나친다. 그
녀와 옥이의 눈이 마주친다. 그러나 두 사람은 아무 말이 없다. 이윽고 미자가 서브를 넣<del>고</del>는다.
박상태 소리를 지르며 다시 넘긴다. 그녀가 받는다.

C#13 미자 O.S. 박상태 → 미자 앞 모습, 박상태

B 방향.

베드민턴 치는 박상태. 어두운 허공 속으로 하얀 셔틀록이 왔다갔다 날아다닌다. 두 사람은
의외로 호흡이 잘 맞는 것 같다. 칠 때마다 박상태는 과장해서 소리 지른다.

박상태   나이샷! / 잘 한다! / 우리 누님 멋지다!

그러나 미자는 헛치고 만다. 그녀는 돌아서서 땅에 떨어진 콕을 주우려다 앞을 바라본다.

C#14 미자 O.S. 차를 타는 옥이와 김형사(C#13의 REVERSE)
A 방향.

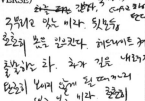

하늘 같은 걷는다, 옥이쪽 뒷모습에
CAR로 향해 E다.
구부리고 있는 미자. 뒷모습을
초조히 쫓는 입는단다. 헤드라이트 켜
출발하는 카. 카가 길을 내려가
탄하 보이게 될 때까지
반s 보는 미자. 초조히

                                    C#12~C#14

작가 노트×현장 스틸   187

그러나 미자는 헛치고 만다. 그녀는 돌아서서 땅에 떨어진 록을 줍는다. 젊은 사내와 차에 타고 있는 욱이 보인다. 헤드라이트를 켜고, 이윽고 출발하는 차. 미자는 차가 건물을 돌아 사라질 때까지 보고 있다가 이윽고 몸을 돌린다.

C#15 박상태 단독 B 상방

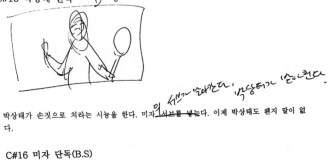

박상태가 손짓으로 치라는 시늉을 한다. 미자 서브를 넣는다. 이제 박상태도 왠지 말이 없다.

C#16 미자 단독(B.S)

말없이 배드민턴 치는 미자.

C#17 미자, 박상태 2 SHOT. L.S.(미자 뒷모습) A상방

침묵 속에 배드민턴을 치고 있는 두 사람. 어둠 속에 하얀 셔틀록만이 소리 없이 날아다니고 있다.

C#18. 미자, 박상태 2 shot L.S. (미자 뒷모습)

B 방향.

시 Poetry 각본집

시 *Poetry* 각본집

시 *Poetry* 각본집

작가 노트×현장 스틸

197

시 *Poetry* 각본집

시 *Poetry* 각본집

작가 노트×현장 스틸

201

시 *Poetry* 각본집

206   시 *Poetry* 각본집

시 *Poetry* 각본집

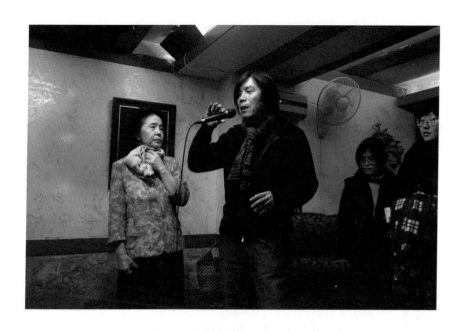

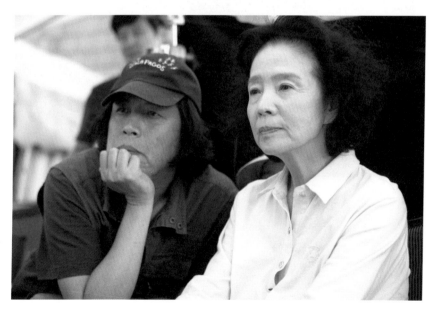

작가 노트×현장 스틸 209

시 *Poetry* 각본집

작가 노트×현장 스틸

212

시 *Poetry* 각본집

작가 노트×현장 스틸

작가 노트×현장 스틸

영화평론가 이동진 × 이창동 감독 인터뷰

'시'가 도달한 깊이,
그 아름다움에 대하여

• 인터뷰를 진행한 이동진은 영화평론가이다. 지은 책으로《이동진이 말하는 봉준호의 세계》,《영화는 두 번 시작된다》,《이동진의 부메랑 인터뷰 그 영화의 시간》,《이동진의 부메랑 인터뷰 그 영화의 비밀》 등이 있다. 방송과 지면을 두루 오가면서 영화에 대한 깊이 있고 세밀한 이야기들을 들려주고 있으며, 네이버 블로그 '언제나 영화처럼', 유튜브 '이동진의 파이아키아'를 운영한다.

• 이 인터뷰는 2010년 5월 '이동진의 영화풍경'에 2회에 걸쳐 게재되었던 것이며, 이 책에 수록된 텍스트는 이동진이 부분적으로 다시 손본 것이다.

• 인터뷰 텍스트 © 이동진

2010년 5월 23일 폐막한 제63회 칸 국제영화제에서 각본상을 받은 영화 '시'는 보고 난 뒤에도 새록새록 생각나는 영화다. 극장을 나선 직후에는 그 쓸쓸한 감동을 홀로 간직한 채 고개를 숙이고 집으로 터벅터벅 돌아가고 싶게 만들지만, 며칠이 지나면 결국 내가 느낀 것과 다른 이가 느낀 것에 대해 한없이 이야기를 나누고 싶어지는 작품이다.

칸으로 떠나기 전, 이창동 감독을 만났다. 다섯 시간 동안 지속된 그와의 긴 인터뷰는 '시'가 얼마나 훌륭하면서 깊은 작품이고, '시'를 만든 감독이 얼마나 영화라는 매체에 대해 철저하면서 동시에 스스로에게 엄격한 연출가인지를 새삼 절실히 느끼게 해주었다. 모름지기 이창동 감독의 작품들에 담긴 것은 자신을 끊임없이 사르는 영화 연금술의 대가(代價)로, 예술가가 바깥세상을 향해 간신히 토해내는 여명 같은 생의 물음일 것이다.

이동진 '시'는 '밀양'에 이어 두 번째로 칸 영화제 경쟁 부문에 진출한 작품입니다. 칸 영화제에 임하는 감독님의 마음은 어떤 것인가요.

이창동 믿거나 말거나, 저는 영화제에 나가는 게 참 싫어요. 고민 아닌 고민이죠. 이상하게 이번에는 외통수로 몰리는 듯해요. 칸 영화제가 아니면 마케팅이 잘 안 되는 영화를 만든 것 같은 자괴감이 있어요. 어떻게 해볼 도리가 없습니다. 의도가 없었는데도 개봉이 5월로 잡힌 것도 그렇고요.

이동진　　칸 영화제에서 여우주연상을 수상한 것이 '밀양' 의 국내 상영 때 적잖은 도움이 되었던 게 사실이었는데요.

이창동　　맞아요. 사실 '하녀'나 '괴물' 혹은 '좋은 놈 나쁜 놈 이상한 놈' 같은 작품들은 칸 영화제 출품이 그냥 덤 같은 것이잖아요. 그런데 우리에겐 전혀 그렇지 않죠. 원치 않은 방향으로 가고 있는 것 같아서 저도 싫어요. '시' 예고편에서 칸 영화제를 상기시키려고 안간힘을 쓰는 카피들이 사실 제게는 무척이나 낯 뜨겁기도 합니다. 그래도 어떻게 하겠어요. 그것밖에 방법이 없으니 열심히 칸이라도 활용해야지요.

이동진　　'시'의 이야기는 두 가지 모티브를 엮고 있습니다. 하나는 손자와 함께 어렵게 살면서 시를 쓰고 싶어 하는 할머니에 관한 내용이고, 또 하나는 같은 학교 남자아이들에게 성폭행당한 뒤 여자아이가 자살하는 것이죠. 영화 '시'는 그중에서 두 번째 모티브로부터 처음 출발한 작품이죠?

이창동　　그렇습니다. '밀양'을 준비할 때 그런 뉴스를 접하게 됐어요. 그때 고민이 좀 됐죠. 이런 사건이 발생한 도시에서 영화를 찍으면서 현존하는 사실을 피한다는 게 마음에 걸렸어요. 물론 그런 성격의 사건은 우리나라의 다른 곳에서도 종종 일어납니다. 그 도시만 그런 것은 분명히 아니죠. 하지만 그게 엄연히 실제 벌어진 현실인 상황에서, 거기로부터 눈을 돌려 약간 초월적인 이야기를 한다는 것이 저 스스로 납득이 되질 않았던 거예요. 그래서 '밀양' 프로젝트를 아예 엎을까도 고려했고, 실제로 그 때문에 잠시 쉬기도 했어요. 왜냐면 '밀양'이라는 영화가 제기하는 중요한 물음 중 하나가 일상에 대한 것이었는데, 그런 현실이 일상이란 말이니까요. 그렇게 꽤 오래 고민하다가 결국 원래대로 하게 되었던 거죠. 그런데 불필요한 의무감인지는 모르겠지만 그 이후에도 언젠가는 그 이야기를 다뤄야겠다고 막연하게 생각하게 됐어요. 그 사건이 저를 계속 찔렀다고 할까요.

이동진　그 사건의 어떤 측면이 감독님을 찔렀던 걸까요.

이창동　굳이 이야기하면 도덕성이겠죠. 일상의 도덕성 말입니다. 그런 일이 일어났을 때 우리가 어떻게 사후 처리를 하는지는 거대 담론에 비하면 무척이나 사적인 것처럼 느껴지고 이례적인 것처럼 여겨지지만, 사실 그건 사회 전체의 도덕성과 관련이 있어요. 제겐 그런 본능적인 느낌이 있었던 듯합니다.

이동진 그런 문제의식이 어떻게 시를 배우려는 노년의 여성 이야기와 결합되게 된 건가요.

이창동 어떻게 그 사건에 대해 이야기할 수 있을지 처음엔 잘 모르겠더라고요. 몇몇 익숙한 구조가 있을 수 있겠지만 그렇게 하고 싶진 않았습니다. 그러다가 일본 교토에 갔을 때 한밤중에 호텔 방에서 텔레비전을 보다가 자연 경관과 명상 음악이 계속 흘러나오는 프로그램을 접하게 됐어요. 아마도 잠 못 자는 여행객들을 위한 채널이었던 것 같아요. 그걸 무심코 보다가 '시'라는 제목이 생각나면서 60대 중반의 여주인공이 떠오르더군요. 손자를 혼자 키우면서 시를 처음 쓰게 되는 여성이었죠. 그 순간 '아, 이걸 하면 되겠구나' 싶어서 그 사건과 합쳐야겠다고 결심했어요. '시'는 그렇게 시작된 거예요.

이동진 60대 여성이 주인공이기도 하지만, '시'에는 정말 20대 캐릭터는 주·조연을 통틀어 단 한 명도 나오지 않더군요. 이런 한국영화도 거의 없을 거예요. (웃음)

이창동 듣고 보니 정말 그러네요. 내가 무슨 생각으로 그렇게 했는지 모르겠어요. 심지어 30대도 없군요. 그 많은 시 동호회 회원들 중에서도 없고요.. 거, 참. (웃음)

이동진　'밀양'과 달리 '시'에는 다음 세대에 대한 근심과 책임감이 담겨 있습니다. 그런데 이와 관련해서 또 하나 흥미로운 것은 극중 '다음 세대'가 아들과 딸에 해당하는 바로 뒤 세대가 아니라 손자 손녀에 해당하는 두 세대 뒤의 세대라는 거죠. '시'의 이야기는 왜 그렇게 설정되어 있는 걸까요.

이창동　내가 남겨두고 가는 그 무엇은 아들이나 딸보다는 손자일 때 느낌이 더 강한 듯해요. 자식과의 관계에서는 사실 애증이 굉장히 많거든요. 그런데 손자는 내 뿌리라는 느낌이 확실히 들죠. 저는 아직 손자가 없지만 말이에요. 그런데 어느 순간, '내가 뭘 남겼지?' 싶은 느낌이 있잖아요? 내가 남긴 게 괴물이 아닌가 싶은 거죠. 새로운 세대에 대해 이해할 수 없어서 당황하게 되는 것은 보편적인 경험일 거예요. 그게 나로부터 비롯된 것인데도 불구하고, 이 세대가 어떻게 살아갈까에 대해 당혹스러운 느낌이 드는 거죠.

이동진　아닌 게 아니라 '시'에는 그런 당혹감이 미자(윤정희)의 심리에 고스란히 새겨져 있습니다. 미자가 손자를 이해하게 되는 것을 다루려면, 그 사건을 저지른 손자의 생각과 마음 상태에 대한 설명이 영화에 등장해야 하는데, 그걸 생략하셨죠.

이창동　손자인 욱이가 그런 범행을 저지른 소년이지만, 그 아이에 대해 특별히 뭐라고 규정을 하지 않는 게 좋겠다고 봤어요. 결손 가정이라서 어떻다는 둥, 평소 특정한 성향을 가져서 그렇게 됐다는 둥 설명하고 싶지 않았던 거죠. 욱이가 어떤 아이인지 규정하기 힘들 정도로 평범해 보이지만, 딱 그 정도로만 보여주고 싶었어요. 그저 잘 모르겠다는 느낌으로 다가오는 신세대인 거죠. 이건 특별한 배경을 가진 특별한 인물에 대한 이야기가 아니라는 거예요. 사실 욱이가 자신이 저지른 사건에 대해 죄책감을 가지는지 어떤지는 알 길이 없어요. 실제로 10대 아이들을 보면 무슨 생각을 하고 있는지 정말 몰라요.

이동진　실제 교사로서 아이들을 가르쳐 보셨잖습니까.

이창동　네, 그렇죠. 하지만 아이들은 봐도 몰라요. 그건 아마도 그 속에 뭔가가 없으니까 그런 것일 수도 있을 거예요. 아이들은 빈 그릇 같은 존재라고 봐야 될 겁니다. 하지만 그럼에도 불구하고 미자는 자신에게 귀책이 있으니까 책임을 져야 하는 거죠. 욱이는 미성년자니까, 당연히 부모를 비롯한 보호자에게 책임이 있죠.

이동진　윤정희 선생님은 '만무방' 이후 십수 년간 출연작

이 없었던 배우이신데, 어떻게 캐스팅하게 되셨습니까.

이창동 처음부터 주인공 미자 역을 맡을 사람은 윤정희 선생님밖에 없다고 생각했어요.

이동진 극중에서 윤정희 선생님이 맡은 캐릭터의 이름은 양미자입니다. 그런데 윤정희 씨의 본명이 '손미자'이잖습니까. 미자라는 이름을 먼저 생각하고 나서 손미자가 본명인 윤정희 씨를 떠올리신 건가요, 아니면 윤정희 씨를 캐스팅해야겠다는 생각 때문에 인물에 미자라는 이름을 붙이신 건가요.

이창동 설사 윤정희 선생님의 본명이 미자가 아니었어도, 주인공의 이름은 미자였을 거예요. 더 적절한 이름이 떠오르지 않았을 테니까요. 그런데도 공교롭게도 본명이 '미자'이시니까, 이걸 우연의 일치라고 봐야 하는 건지, 필연이라고 받아들여야 하는 건지. 예전에 썼던 저의 데뷔작 소설에도 미자란 이름의 여자가 나오죠. 제가 원래 좋아하는 이름이에요. 좀 촌스럽지만 아름다운 느낌입니다.

이동진 '밀양'에서 주인공 이름 '신애'에 '믿음(信)'과 '사랑(愛)'이란 뜻을 숨겨놓았듯, 이번에도 '미자'란 이름 속에 '아름다움(美)'의 의미를 담으신 거죠? '시'는 결국 아름답기 어려운 삶 속에서 아름다움을 추구한다는 것이 무슨 뜻인지를 묻는 영화일 테니까요.

이창동   그래요. (웃음)

이동진   '시'에서 미자는 좀 엉뚱한 면모가 있습니다. 알츠하이머병의 초기 증상 때문에 그런 점도 있지만, 기본적으로 이 인물은 소녀 같습니다. 미자라는 캐릭터의 핵심은 무엇이라고 생각하셨는지요.

이창동   이게 너무 뻔한 개념일지도 모르겠는데, 저는 순수함이라고 생각했어요. 소녀 같다는 느낌 자체가 그런 순수함에서 오는 거죠. 좋게 말하면 순수함일 테고, 좀 나쁘게 말하면 노년의 나이에도 현실 인식이 없다든가 사회화가 덜 되었다는 식으로 볼 수도 있을 거예요.

이동진   이 영화에서 윤정희 씨는 철저히 '미자스럽게' 보입니다. 독특한 발성과 화법과 표정까지 미자스럽게 느껴지는 것은 물론 기본적으로 연기가 좋기 때문이기도 하지만, 배우와 캐릭터의 관계 자체가 거기에 반영되어 있기 때문으로도 여겨지던데요.

이창동　저는 캐릭터에 대한 기준을 갖고 있지 않다고 생각해요. 어떤 배우가 영화를 통해 특정 인물로 살아갈 때 그 인물이 되는 것이지, 제 머릿속에 있었던 인물의 모습 쪽으로 배우를 끌어오려고 하지는 않는다는 거죠. 시나리오를 내가 직접 쓰는데도 불구하고 그래요. 저 역시 현장에서 윤정희 씨가 미자를 연기하는 걸 보고 그 인물에 대해 느껴요. 심지어 '아, 미자가 저런 인물이었구나' 싶을 때도 종종 있어요. (웃음)

이동진　촬영 현장에서 윤정희 씨를 보면서 배우로서는 어떻게 느끼셨습니까.

이창동　배우로서 자세가 무척 좋으신 분이죠. 촬영에 들어가기 전에 제가 조금 걱정한 부분이 과거에 수백 편에 달하는, 믿기지 않을 정도로 많은 영화에 출연하셨는데, 그게 이미 그분을 형성하고 있을 듯하다는 느낌이었어요. 그건 단지 굳어졌다는 표현 이상의 것일 거예요. 그런 부분에 대해서 당연히 어떤 지점에선 저와 부딪힐 수 있다고 생각했어요. 서로 다른 세월을 살아온 것이니까요. 그런데 배우로서 굉장히 열려 있으시더라고요. 자신이 이미 거두어놓은 것, 속에 담겨 있는 것들을 버리는 데 있어서 조금도 저항이 없으세요. 놀랍더라고요. 젊은 배우도 그렇게 잘 안 되거든요.

이동진   이번엔 촬영 현장에서 배우분들과 어떠셨어요? 사실 감독님 현장은 쉽지 않은 것으로 유명한데요.

이창동   이전보다 분위기가 더 좋았어요. 제가 노력을 많이 했거든요. 밝아지려고요.

이동진   이번만큼은 자학하지 않으셨나 봅니다. (웃음)

이창동   안 보이는 데서는 당연히 혼자 자학을 했죠. (웃음) 그래도 겉으로는 티를 내지 않으려고 노력 많이 했어요.

이동진   '시'는 왜 다르게 마음을 먹으셨습니까.

이창동   이전에 다른 젊은 배우들에게 하듯 현장에서 마구 자학에 빠지는 모습을 윤정희 선생님에게까지 보여주면 안 될 것 같아서요. 게다가 윤정희 씨 본인이 무척 밝으세요. 그분의 밝은 기운을 제가 받아들였다고 할까요. 제 어두운 모습으로 굳이 균형을 맞출 필요는 없었죠.

이동진   '시'는 감독님의 이전 작품들과 비교할 때 상당히 고요한 영화입니다. 하지만 첫 장면만큼은 대단히 강렬했죠. 햇살 가득한 강에 소녀의 시체가 둥둥 떠오던 끝에 '시'

라는 제목이 뜨는 오프닝 신의 섬뜩한 역설은 그 자체로 이 영화가 던지는 질문을 고스란히 함축하고 있는 듯했습니다. "아름다울 수 없는 세상에서 아름다움을 추구해야 하는 시란 과연 무엇이냐"는 질문부터 던지면서 시작하는 느낌이라고 할까요.

이창동　　시가 무엇인지에 대해서 질문을 할 때는, 사실은 삶이 이러저러한데 그때 시가 무엇이냐를 묻는 것이거든요. 질문에 그런 조건이 붙어 있는 셈이죠. 사람들은 시에 대해서 아름다움을 노래하는 것이라는 통념을 갖고 있지만, 그건 삶이 마냥 아름답지만은 않기에 의미를 지니게 되는 것이잖아요? 삶에서든 시와의 관계에서든, 아무 일 없을 것 같은 우리의 생활 속에 어떤 일들이 벌어지는 거죠. 그런 것들은 대부분 나와 큰 상관이 없는 일들로 여겨지지만, 사실 관계가 있어요.

이동진　　'시'의 도입부에서 병원에 간 미자가 무심코 쳐다보는 텔레비전 뉴스에서 아이를 잃고 울부짖는 팔레스타인 여자가 등장하는 게 그런 맥락인 것 같습니다.

이창동　　바로 그렇죠. 일상에서 그런 장면을 뉴스로 보면 우리와 관계가 없다고 생각해요. 그 뒤의 장면에서 병원을 나오던 미자가 딸을 잃고 정신을 놓은 채 울부짖는 한 여자의 모습을 볼 때도 딱하게는 여기면서도, 자신과 이렇다 할 관계는 없는 일이라고 받아들였을 거예요. 하지만 내 발밑의 물이 연결되어 있듯이, 그게 미자와 결정적으로 관련이 있었던 거죠. 관객에게 적극적으로 주장하고 싶은 생각은 없지만, 따지고 보면 그게 팔레스타인까지도 연결되어 있는 거예요.

이동진 미자는 감독님의 이전 영화 주인공들과는 상당히 다른 캐릭터입니다. 자신과 관련된 사건에서 끊임없이 미끄러지는 사람이라고 할까요. 어떤 자리든 항상 늦게 들어가서 도중에 먼저 나오는 미자는 종반부에 이르기 전까지는 끊임없이 회피하려 듭니다. 어쩌면 미자가 앓고 있는 알츠하이머병까지도 자신에게 엄습해오는 삶의 고통을 잊고 싶어 하는 소망이 발현된 것으로 느껴지기까지 하죠.

이창동 지금 말씀하신 게 제가 이 영화를 통해 던지려고 하는 질문과 관련이 있을 듯해요. 그게 시의 의미에 대한 것이든, 일상과 도덕성의 관계에 대한 것이든, 지금 미자는 딱 그 자리에 서 있는 거예요. 나와 직접적인 관계가 없다고는 말할 수 있을지 몰라도, 부정할 수는 없는 관계 속에 있어요. 그 자리에서 선택할 수 있는 여지는 제한적이죠. 그런데 선택할 여지가 전혀 없는 것은 또 아니에요. 다만 굉장히 어려울

뿐이죠. 딱 그런 자리에 놓여 있던 미자는 역할 자체가 제한되어 있고 사건의 중심으로 들어가기도 어렵지만, 결국 종반부에서 결정적인 행동을 하게 되죠. 그게 영화에서 직접적으로 드러나진 않지만요.

이동진　아름다움이 사라진 삶에서 아름다움을 찾으려는 노력과 관련해 떠오르는 것은 '박하사탕'에서의 한 장면입니다. 그 영화에서 김영호(설경구)는 자신이 고문했던 대학생을 세월이 흐른 뒤 식당에서 우연히 마주치고는 화장실에서 "정말 인생이 아름답다고 생각하냐"고 묻습니다. 그건 예전에 그 대학생의 일기에서 김영호가 보았던 구절이었죠. 그런 측면에서 '시'는 '박하사탕'이 던졌던 물음과도 이어져 있는 작품인 것으로 느껴집니다.

이창동　그런 측면이 있죠. 제가 인생이 실제로는 더럽고 추하다고 말하려는 건 아니에요. 다만 아름답지만은 않고 종종 누추하다는 거죠. 아름다움을 찾으려고 해도 참 어렵다는 겁니다. 그런데 아까 잠시 말했듯, 아름다움이라는 건 상황이 아름답지 않을 때 비로소 의미가 있는 것 같아요. 삶이 아름답지 않기 때문에 인간은 아름다움을 묻는 것이고 찾는 것이니까요. 시라는 게 꽃이나 달을 보고 술을 마시면서 읊는 것만은 아니잖아요.

이동진　　　아닌 게 아니라 미자가 처음으로 시상을 떠올리려고 애쓰는 것은 꽃 앞에서입니다. 그다음은 새소리를 들을 때였죠. 그런데 그러던 그녀는 땅에 떨어진 살구의 고통에 눈을 돌리게 되고, 결국 다리 위에서 뛰어내린 소녀의 절망에 대해 시를 쓰게 됩니다. 꽃이든 새든 처음엔 뭔가를 올려다보면서 시상을 떠올리려 했지만, 나중엔 살구든 다리 밑의 강물이든 결국 아래를 내려다보면서 시를 쓰게 된다고 할까요.

이창동　　　그래요. 그렇게 조금씩 배워가는 거죠. 한 걸음씩 나아가긴 하지만 그만큼 더 혼란스러워지고 더 갑갑해지기도 할 거예요. 아름다움은 쉽게 눈에 보이는 게 아니고, 눈앞의 아름다움이 그냥 아름다움 같지도 않으니까요. 사실 시를 써본 사람이라면 대부분 미자와 비슷한 과정을 겪을 겁니다.

이동진　　　영화도 그런가요?

이창동　　　영화 역시 그렇죠. 분명 영화를 만들고 싶다고 해도, 무엇을 이야기해야 되는지조차 모르는 경우가 많아요.

이동진　　　영화도 시처럼 갈수록 더 혼란스러워지거나 갑갑해집니까.

이창동　　갈수록 그래요. 오락을 주겠다는 목표 의식을 분명히 하면 좀 덜할 텐데, 뭔가 소통하고 또 발언하려고 하면 점점 힘들어지는 거죠.

이동진　　이제까지 만드신 작품들 중에서 '시'는 상대적으로 잘 풀렸던 영화입니까.

이창동　　아니에요. 무척 힘들었어요.

이동진　　그럼 이제껏 상대적으로 가장 잘 풀렸던 작품은 어떤 건가요.

이창동　　잘 풀렸던 영화가 제겐 하나도 없었어요.

이동진　　그럼 항상 최악의 상태로 힘드셨던 건가요.

이창동　　그렇다고 할 수 있죠. 워스트 다음에 또 워스트가 계속되는 것 같다고 할까요. 이제는 정말 더 이상 영화를 만들지 못하겠다는 생각이 들 때도 많아요. '시'를 만들 때 그런 얘기를 배우들이나 스태프들에게 얘기한 적도 있어요.

이동진　　그렇게 말씀하시면 다들 어떤 반응을 보이십니

까. "또 저러신다"라고 하나요, 아니면 "정말 큰일 났다"라고 합니까. (웃음)

이창동 반반씩이죠. (잠시 생각에 잠기다가) 지금 다시 떠올려보니 후자의 반응을 보인 사람이 절반 좀 안 될 것 같긴 하네요. (웃음) 문제가 다른 사람이 아닌 나 자신에게 있는 것인데, 정말 힘들었어요. 아무래도 제가 스트레스를 잘 받아들이지 못하는 것 같습니다.

이동진 '시'에서 미자는 스스로 시인 기질이 있다고 농담조로 말합니다. 감독님은 어떠신가요. 감독 기질이 있다고 보십니까.

이창동 없어요. 그래서 그만둬야 하는 것 아닌가 싶은 생각이 종종 들어요. 기본적으로 감독은 촬영을 즐겨야 합니다. 제가 아는 감독들은 대부분 촬영장에 갈 때 소풍을 가듯 즐겨요. 홍상수 감독 같은 사람은 안 찍으면 못 견디니까 계속 찍는 거예요. 그런데 저는 촬영장에 가는 게 흡사 도살장에 끌려가는 것 같은 사람이거든요. 그런 사람이 무슨 영화를 찍겠어요. 사람은 즐길 수 있는 걸 해야 되는데 말이에요. 이번에도 최종 단계에서 음악 만든 것을 다 빼는 결정을 내리긴 했지만, 그런 일이 생길 때면 괴로워요. 그런데 현장에선 늘 그래

야 되거든요. 괴로워하면서도 하려니, 정말 괴로워요. (웃음)

이동진   '시'에서 미자는 왜 시를 배우냐는 질문에 대해 "그러게요. 내가 왜 시를 배울까요?"라고 남 얘기하듯 반문합니다. 그렇게 괴로우신데, 감독님은 왜 영화를 하십니까. (웃음)

이창동   그러게요. 내가 왜 영화를 할까요? (웃음)

이동진   꼭 미자처럼 말씀하시는군요. (웃음)

이창동   미자라는 인물이 괜히 나왔겠어요? (웃음) 시간이 흐르면 영화를 만들면서 너무나 힘들었던 상황에 대해 잊어버리게 되는 것 같습니다. 이건 연애와도 비슷한 듯해요. 실연을 겪으면 울고불고 하지만, 결국 다시 또 사랑을 하게 되잖아요.

이동진   영화 '시'에는 정호승, 안도현 등 실제 시인들의 시가 극중에 등장하기도 합니다. 이 시들은 어떤 기준으로 선택하셨나요.

이창동   기본적으로 제가 좋아하는 시들이에요. 사람들은 흔히 시라고 하면 어렵다고 생각하는데, 정호승의 시는 그런 관점에서 볼 수 있죠. 불교적인 세계관을 갖고 있는데, 언뜻 들으면 멋이 있지만 사실은 좀 어려운 시에요. 반면에 이 영화에 나오는 안도현의 시는 너무나 쉽잖아요? 그렇게 전문 시인들의 시는 양 극단을 함께 넣고 싶었죠. 그리고 영화 속에서 조미혜로 나오는 아마추어 시인의 시는 그야말로 아마추어적인 느낌이 묻어나는 경우를 살린 거예요. 약간 손을 보긴 했지만 아마추어 시인의 시를 대부분 그대로 썼죠. 마지막에 등장하는 미자의 시는 제가 직접 썼고요.

이동진 　　미자가 쓴 '아녜스의 노래'라는 제목의 시는 어떻게 작성하려고 하셨는지요.

이창동 　　이건 어쨌든 주인공이 시 한 편을 완성하는 이야기잖아요? 그러다 보니 그게 어떤 시인지가 내러티브상으로도 무척 중요해질 수밖에 없었죠. 이 영화는 "시란 무엇인가"라는 질문을 따라가는 영화라 할 수 있는데, '아녜스의 노래'는 그 질문에 대한 작은 대답일 수도 있는 시여야 하잖아요. "시란 무엇인가"에 대한 직접적인 답을 관객들에게 드릴 수는 없겠지만, 제가 질문할 수는 있죠. 관객들은 그 질문에 대해 각자가 대답을 떠올려보는 방식으로 마음에 담아갔으면 좋겠다고 생각했어요. 그럼에도 불구하고 제가 부분적으로

라도 작은 대답을 영화 속에서 할 수 있다면, 그건 다른 사람의 마음을 대신해서 노래하는 어떤 것이라고 봤어요. 하고 싶은 말을 하지 못하고 죽은 소녀의 노래를 대신하는 거죠. 그런 생각으로 그 시를 썼어요.

이동진　　극중에서 처음 시를 쓰는 사람의 작품으로는 완성도가 상당히 높게 느껴지기도 하던데요? (웃음)

이창동　　극중 내적 논리로 따지면 60대 중반에 처음 쓰는 시가 잘 써질 리가 없다는 점에서 저도 고민을 좀 했어요. 그래도 극중에서 이러저러한 의미를 지닌 시인데 어느 정도는 할 말을 해야 된다는 영화적 요구가 있었죠. 결국 60대 할머니가 시를 써봤자 얼마나 잘 쓸 수 있겠느냐는 현실적 리얼리티보다는 시적인 허용을 택한 것입니다.

이동진　　이 영화에선 김용택, 황병승 시인이 자신의 실제 이름을 살짝 비튼 김용탁, 황명승 시인으로 직접 출연하기도 합니다. 그 두 시인은 시사회에서 본 뒤에 이 영화에 대해 뭐라고 평하시던가요?

이창동　　민망하다고 하더라고요. 사실 그렇게 출연하면 자기가 연기한 것만 보이지, 작품 전체가 보이겠어요? (웃음)

이동진   왜 그 두 시인을 배우로 캐스팅하셨습니까.

이창동   극중에서 미자가 시 작법에 대한 강의를 듣는 장면들이 나오느니만큼, 그 강의를 맡은 강사는 시인 역할을 하는 배우보다는 배우로 연기를 하게 되는 실제 시인이 더 낫다고 판단했어요. '밀양'에서 야외 부흥회를 여는 목사를 실제 목사님으로 캐스팅했던 것과 비슷한 이유였죠. 영화 속에서 연기된 시 강의 장면을 보는 게 아니라, 관객에게 실제로 시 관련 강의를 듣는 느낌을 주고 싶었거든요. 그러려면 실제 시인이라야 되는데, 지방 문화원에서 강의할 법한 무명 시인 역할로는 김용택 시인이 가장 적합하다고 봤습니다. 물론 김용택 시인은 전국적으로 잘 알려진 분이지만 왠지 그런 느낌이 들잖아요. (웃음) 하지만 아무리 그래도 극중 그 시인이 실제 김용택 시인인 것은 아니니까, 시나리오를 쓸 때부터 살짝 이름을 바꿔서 '김용탁'으로 했죠.

이동진   캐스팅 제의를 해서 답을 들은 뒤 시나리오를 쓰셨군요?

이창동   아니에요. 다 쓴 뒤에 이야기를 했어요. 저는 걱정 안 했어요. 영화를 워낙 좋아하기도 하고요.

이동진 《촌놈, 김용택 극장에 가다》라는 영화 책도 내셨
잖아요?

이창동 영화 출연의 유혹을 뿌리치지 못할 거라고 생각
했어요. 제가 그분을 좀 알거든요. (웃음)

이동진 그러면 제안을 받자마자 승낙하셨나요?

이창동 앓는 소리를 했지만, 곧바로 하기로 했죠. (웃음)
그러다가 나중엔 사모님에게 그렇게 제 욕을 했대요. 촬영에
들어가기 전에 혼자 연습을 해보니까 잘 안 되더래요. 제가
그렇게 사전에 연습하지 말라고 했는데도 말이에요. (웃음)

이동진 극중에서 술에 취해 "시 같은 것은 죽어도 싸!"
라는 과격한 대사를 날리는 황병승 시인은요?

이창동 그런 대사를 날릴 만큼 젊은 시인이어야 했죠. 황
병승 시인의 시나 얼굴이 제겐 그런 느낌이었어요. 이 경우도
역시 그 사람 자체는 아니니까 황명승이란 이름으로 영화에
등장시켰죠. 살짝 고치니까 더 좋은 것 같아요.

이동진 좀 더 시적으로 느껴지는데요? (웃음)

이창동   이름은 명승인데, 시는 난해하죠. (웃음)

이동진   '밀양'과 비교할 때, '시'는 고통에 대한 태도에 있어서 상당한 차이가 있어 보입니다. 땅에 떨어진 살구의 고통과 그렇기에 가능한 의미에 주목하는 미자의 시상 메모에서 드러나듯이요.

이창동   고통을 긍정적으로 생각한다기보다는 일단 받아들이자는 태도에 가까울 거예요. 그게 부인할 수 없는 삶의 일부니까요. 살구에 대한 장면에선 분명히 그런 뜻이 있었어요. 그런 고통이 없다면 다음에 오는 것도 없다는 거죠. 일종의 순환 같은 것이니, 생명이나 자연의 섭리 같은 거라고 할까요. 결국은 할머니가 손자에 대해서 할 말이 있으면, 자신이 무엇을 해야 되는지도 생각해야 하는 거죠. 주고받는 게 자연의 질서니까요. '시'는 노년에 대한 이야기니까, 기본적으로 앞선 세대는 떨어져서 거름이 되어야 하는 거예요. 썩지 않고서 영원히 안장되길 바랄 수는 없죠.

이동진   그럼에도 불구하고 '시'는 '밀양'과 쌍을 이루는 듯한 영화로 제게 느껴졌습니다. 둘 다 고통이나 삶의 무의미함에 맞서는 이야기라고 할까요. 다만 '시'는 몇 가지 측면에서 '밀양'의 반대편에 놓인 영화 같다는 생각이 듭니다. '밀양'이 피해자 측의 이야기를 다룬다면, '시'는 가해자 측의 이야기를 다룬다고 할 수 있는 게 대표적이죠. 어찌 보면 '밀양'에서 아들을 잃은 신애를 '시'에서 딸을 잃은 여자로 바꾸어 넣어 대상화한 뒤, 전작에서와는 정반대 방향에서 그녀에 대한 가해자 측 가족의 내면을 탐구한 것 같다는 느낌도 듭니다.

이창동　　의도한 것은 아니지만, '시'와 '밀양'이 어느 정도 연결되어 있는 건 사실일 겁니다. 일단 두 영화는 시작부터가 관련이 있었으니까요. 그리고 말씀하신대로, 두 영화 모두 삶의 의미에 대한 질문과 닿아 있죠. 무의미함에 대한 저항을 담고 있기도 하고요. 사실 시라는 것 자체가 무의미함에 대한 저항인 듯해요.

이동진　　두 영화는 인물의 행동도 대조적입니다. '밀양'의 신애가 적극적으로 저항하고 발산하는 쪽이라면 '시'의 미자는 소극적으로 회피하거나 내파되는 쪽이죠. '밀양'에서 신애가 체험하는 것이 격렬한 고통이라면, '시'에서 미자가 느끼는 것은 짙은 피로에 더 가깝다고 할까요.

이창동　　그게 일상적으로 보면 피로일 텐데, 달리 보면 삶의 한계일 수도 있을 거예요. 미자는 무의미에 맞서게 되지만, 좀 더 구체적으로 말한다면 그건 결국 죽음에 저항하는 것이겠죠. 그게 일상에서는 무력감으로 경험되는 겁니다. 미자는 알츠하이머병 때문에 기억이 날아가기 시작합니다. 나이가 든 사람들은 다 어느 정도 치매에 대한 공포가 있는데, 그건 결국 죽음에 대한 공포일 거예요. 아직 살아 있는 상황에서 죽음을 경험하는 게 치매죠. 몸은 살아 있는데 의식은 내가 통제할 수 없는 쪽으로 가버리는 것이니까요. 시를 쓰려는 것 자체가 무엇인가 시작하고 새로운 눈으로 삶을 살려는 것인데, 이미 미자는 병 때문에 단어를 잃어버리게 되죠. 그래서 거기에 대해 저항하려는 거라고 할 수도 있어요.

이동진　　미자는 죽음이 멀지 않은 노년의 나이이기에 그런 마음이 더욱 간절하겠죠.

이창동　　사람은 죽음을 앞두고서 자기 자신에 대해 물음을 던지게 되어 있잖아요. 자신의 인생이 도대체 몇 그램이나 나가는지 질문할 수도 있고요. 어찌 보면 그게 바로 시를 쓰는 행위일지도 몰라요. 아마 미자가 시를 쓰지 않았다면 손자의 문제도 그렇게까지 고통스럽게 대면하진 않았을 수도 있어요. 하지만 시를 쓴다는 것과 손자와 관련된 문제가 서로 연결되어 있다는 것을 이성적으로가 아니라 본능으로 느끼고 있기에 더 괴로웠던 거예요. 그 질문을 피할 수 없으니까요.

이동진   시 강좌 수강생들 중 과제를 완수하는 것은 미자뿐입니다. 그런데 꽃과 함께 시를 제출한 미자는 정작 강의실에 모습을 드러내지 않습니다. 이 영화는 이어서 집을 떠나는 미자의 모습도 보여주지 않지요. 미자는 결국 빈자리와 침묵을 통해서 말하는 인물이었던 것 같습니다.

이창동   마지막은 부재인 거죠, 미자의 부재. 어차피 미자는 떠날 사람이었던 겁니다. 미자가 괴로워했던 것도 그 이후, 자신이 떠난 이후의 세상 때문이지요. 자기가 부재하는 세상에 대한 근심이랄까요. 그 부재가 무엇에 기인한 것인지는 모르지만 그 부재의 느낌을 전달하고 싶었기에, 미자의 부재 대신 그녀가 남긴 시 한편이 들리는 거죠.

이동진   이 작품의 끝부분에서 떠난 이는 미자인데 결국 버스에서 내린 후 보이는 사람은 영화의 첫 장면에서 자살한 소녀였죠. 어느 순간부터 시를 읽는 보이스 오버 목소리도 미자에서 소녀로 넘어가고요. 소녀는 마지막 순간에 고개를 돌려서 카메라를 바라보기까지 합니다. 그렇게 두 인물이 겹치는 상징적 결말이 대단히 강렬하고 슬프면서도 위로가 되고 감동을 줍니다. 해석의 여지를 남겨두고 있는 이런 종반부에 대해 관객마다 다르게 받아들이고 있는 것 같은데요.

이창동　　그 장면의 핵심은 미자가 소녀를 대신해서 시를 쓴다는 거죠. 이때 미자는 단지 소녀의 목소리만을 대신하는 것이 아니라 소녀와 운명을 일치시키는 걸 받아들였다는 겁니다. 내가 너이고 네가 나라는 것입니다. '시'의 마지막 부분에선 소녀의 모습이 보이는데, 그것은 이미 죽은 아이의 플래시백일 수도 있고, 현재의 모습일 수도 있죠. 저는 그 장면에서 현재성을 보여주고 싶었어요. 미자를 포함한 우리가 그 아이를 다시 보고 싶은 겁니다. 주객이 나눠진 게 아니라 일치되는 느낌이라고 할까요. 정서적으로나 이미지로도 그걸 보여주고 싶었어요. 그게 미자가 썼던 시의 내용이기도 했고요.

이동진　　시 강의 시간에 수강생들이 '내 인생의 아름다운 순간'이란 주제로 돌아가면서 발표하는 모습이 인상적입니다. 그중에서도 미자가 눈물을 흘리면서 회상하는 서너 살 때의 기억이 특히 감동적이었습니다. 일곱 살 위의 언니가 예쁜 옷을 입혀준 뒤 손뼉을 치면서 이리 오라고 했을 때, 언니를 향해 걸어가면서 '내가 정말 예쁘구나. 언니가 나를 정말 예뻐하는구나' 하고 생각했다는 내용이었죠. 그 장면에서 연기도 정말 좋았는데, 혹시 이 에피소드는 윤정희 씨의 실제 추억인가요.

이창동　　다른 데서 들은 이야기예요. 윤정희 씨에겐 언니도 없거든요. (웃음) 어쨌든 제게 그 부분이 의미 있었던 것은 그게 미자가 처음으로 자신의 기억을 이야기하는 장면이었다는 거죠. 기억을 잃어가는 병을 앓고 있는 여자가 인생의 가장 아름다운 기억을 떠올리면서 자신의 첫 기억에 대해 말하는 게 아이러니하지만 상징적인 것 같았죠. 그리고 그게 또 묘하게도 불가지한 삶을 향해 한 걸음씩 나아가는 내용이라는 거죠. '나는 충분히 예쁘고 사랑받는 존재야'라는 것을 느꼈던 추억인데, 공교롭게도 그걸 기억하는 현재의 미자로선 죽음에 서서히 다가가는 느낌도 있다는 겁니다. 그런 모순된 느낌이 좋았어요.

이동진　　그런데 '내 인생의 아름다운 순간'에 대해서 돌아가며 길게 이야기하는 장면들은 고레에다 히로카즈의 '원더풀 라이프'를 저절로 떠올리게 했습니다. 그게 그 영화의 핵심 모티브였으니까요. 게다가 자신의 과거 기억을 회상하는 인물을 롱 테이크의 고정 카메라로 비추는 방식도 두 영화가 같았죠. 혹시 그 장면들을 찍으시면서 '원더풀 라이프'를 떠올리셨는지요.

이창동　　그 영화를 보긴 했지만, 그 장면들을 찍으면서 그 작품을 의식한 적은 전혀 없어요. 이런 의도는 있었습니다. 그 장면에서 수강생들이 자신의 아름다웠던 기억에 대해 이야기하는 것은 시가 삶의 아름다움을 찾는 것이라는 강의의 내용과 연결된다는 거죠. 아울러 그 장면에서 관객들에게 직접 이야기하는 다큐멘터리의 느낌을 원했던 결과이기도 했고요. 그 두 가지 이유 때문에 그렇게 한 것인데, '원더풀 라이프'는 생각도 못 했네요.

이동진　'시'는 영화라는 매체 자체에 대한 영화로도 보입니다. 시가 죽어가는 세상에서 시를 쓴다는 것의 의미를 묻는 것은 곧바로 삶이나 영화에 대해서도 적용 가능한 질문이 되니까요. 강의를 듣는 한 달 동안 한 편의 시를 써내야 하는 미자의 처지는 그런 주인공으로 한 편의 영화를 제한된 시간 안에 완성해야 하는 감독의 상황과도 겹쳐지는 것 같고요.

이창동　그렇죠. 그게 참 힘든 거예요. 게다가 도무지 완성했다는 느낌이 들지 않으니 정말 문제에요. 완성이란 없는 것 같아요.

이동진　그렇지만 어쩔 수 없이 강제로라도 완성이 되잖습니까. (웃음)

이창동　영화를 공개하기 전까지는 제 머릿속이 누더기 같거든요. 영화가 허점투성이로 보여요. 아직 덜 닦아낸 피와

시 Poetry 각본집

고름이 그대로 들어 있는 것 같은 느낌이랄까요. (웃음) 그런데 영화가 일단 나오면 홍보를 위해 포장을 해야 하니까 그게참 그렇죠. 그렇게 남을 속이면서 스스로도 속아가는 것 같아요, 다 완성된 영화인 것처럼 포즈도 취하고 말이에요.

이동진　'시'에는 음악이 전혀 사용되지 않았습니다. 가뜩이나 고요한 영화가 그 때문에 더더욱 정적이 우물처럼 고인 것 같은 작품으로 다가왔다고 할까요. 심지어 무심한 강물소리가 음악을 대체하는 듯 느껴지기까지 합니다. 이 영화에처음부터 음악을 넣지 않기로 하셨던 건 아니죠?

이창동　네, 음악 감독이 있었죠. 최종 믹싱을 하는 새벽까지도 음악 작업을 했어요. 집어넣기만 하면 되는 상황이었죠. 그런데 결국 그 믹싱 작업을 하면서 빼기로 했어요. 아무래도 이 영화엔 음악이 어울리지 않는 것 같아서였습니다. 영화음악이란 만들어놓은 아름다움을 주는 것인데, 그건 아름다움 자체에 대해서 질문하는 영화인 '시'와 맞지 않는 듯했으니까요. 음악이 없는 상태에서 관객들이 음악을 느끼게 하는 게 원래의 의도에 더 맞는 게 아닌가 싶었습니다.

이동진　작품을 위해선 충분히 그럴 수 있겠지만, 음악을 담당했던 스태프들은 정말 좌절했을 것 같습니다. (웃음) 인간적으로 무척 미안할 수 있는 상황인 듯한데요.

이창동　　너무나 미안했죠. 마지막 믹싱을 하는 녹음실에서 그런 선택을 내리기가 쉽진 않았어요. 저도 처음엔 음악이 필요하다고 보았죠. 음악이 감정적 여백을 만들어줄 거라고 생각했던 겁니다. 그래놓고 최종 순간에 빼자고 하니까 일순간 모두가 침묵에 잠기더군요.

이동진　　눈앞에 그 풍경이 생생히 그려집니다. (웃음) 그걸로 끝이었습니까?

이창동　　정말 미안하긴 했지만, 감독이 그렇게 하겠다는데 어쩌겠어요.

이동진　　그날 음악 담당하셨던 분들이 술 많이 드셨을 것 같네요.

이창동　　그분들의 좌절을 충분히 짐작할 수 있었기에 음악이 나빠서가 아니라 오히려 음악이 너무 좋아서 안 넣은 것이라고 설득을 했지만, 그게 먹히겠어요? 그게 진심이었음에도 말이에요. 앞으로는 음악 감독들이 제 영화에 참여하지 않으려고 할 것 같아 걱정이에요. 음악과 관련해서 하도 악명이

높아서요. 이번 경우는 치명적이죠. '밀양' 때는 아르헨티나에서 녹음을 했던 백 몇 곡 중에서 딱 두 곡만 영화에 넣었잖아요. 당시 음악을 담당했던 크리스티안 바소가 녹음실에서 쓰러져서 입원을 했는데, 본인은 급체해서 속에 탈이 났다고 했지만 제가 보기엔 스트레스 때문이었어요.

이동진　　'시'를 만들면서 가장 어렵게 느껴진 점은 어떤 것이었습니까.

이창동　　이게 좀 관념적인 대답이 될지도 모르겠지만, 영화와 현실 사이의 간격을 어느 정도로 할 것인가의 문제가 제일 어려웠어요. 얼마만큼 들어가고 또 빠져야 하는지를 알기가 쉽지 않았던 거예요. 그건 단지 촬영에만 영향을 주는 게 아니라, 인물과 내러티브 등 영화 전반에 걸쳐서 상당히 영향을 미치는 문제죠. 마지막까지 음악을 넣을 것인지를 놓고 고민했던 것까지도 그 문제와 상관이 있었던 거예요.

이동진　　그렇다면 '시'를 세상에 내놓으시면서 자부할 만한 게 있다면 어떤 걸까요.

이창동　　그런 건 없어요.

이동진   그렇게 대답하실 것 같았습니다. (웃음)

이창동   곰곰 따져보면 있을 수도 있겠지만 잘 모르겠어요. 내가 병들어가는 것 같아요. 왜 좋은 게 안 보일까.

이동진   3년 전 '밀양'으로 감독님을 인터뷰했을 때 이렇게 말씀하신 바 있습니다. "예전에 영화 연출을 본격적으로 시작하기 전에 딱 다섯 편만 할 수 있다면 좋겠다고 생각한 적이 있어요. 그때 생각으로 보면 이제 한 편 남은 거죠." 이제 다섯 번째 작품인 '시'까지 만드셨습니다. 설마 더 이상 안 만드시는 것은 아니겠죠?

이창동   우선 '시'가 어떻게 되는지부터 봐야겠죠.

이동진   우문현답이시네요. (웃음)

이창동   망해서 더 이상 기회가 안 올지도 모르죠.

이동진   설사 그런 결과가 나오더라도 그만하시면 절대 안 됩니다.

이창동   그래도 뭐 어떻게 한두 편은 더 해볼 수 있지 않을까요? 제가 얼마나 개과천선을 하느냐의 문제가 되겠죠.
(웃음)

이동진　　먼 미래에 자신의 뜻과 상관없이 영화를 만들 수
없는 상황이 오면 어떨 것 같으신가요.

이창동　　가장 바람직한 것은 누가 못 하게 해도 제가 그냥
찍는 거예요. 찍을 수 있거든요. 제작비를 대폭 줄여서요. 영
화란 것이 별게 아니니까요. 그런데 저를 스스로 돌아보면 제
게 그런 열정이 있을까 싶어요. 그런 상황이 오면 아마 접겠
죠. 저는 큰 미련이 없어요. 애착이 그다지 큰 것 같지 않아요.
촬영을 나가지 않는다고 좀이 쑤시고 그렇진 않거든요. 시골
에 가서 햇볕 쬐면서 사는 것도 괜찮은 거 같아요. 뒷동산에
도 올라가고, 좋을 듯해요. 제 고향은 안동이지만, 꼭 고향에
가지 않아도 돼요.

문학평론가 신형철 에세이

"시를 쓴 사람은 양미자 씨밖에 없네요."

- 문학평론가 신형철은 2005년 계간 《문학동네》로 등단했다. 지은 책으로 《몰락의 에티카》, 《느낌의 공동체》, 《정확한 사랑의 실험》, 《슬픔을 공부하는 슬픔》이 있다. 2021년 현재 조선대학교 문예창작학과 교수로 재직 중이다.
- 이 책에 수록된 에세이는 2010년에 발표하고 《느낌의 공동체》(2011)에 수록된 글을 2021년에 글쓴이가 새롭게 고친 것이다.

"왜요, 시 쓰시게요?" 영화에서 이 질문의 뉘앙스는 미묘하다. 사람들은 시와 시인에게 양가감정을 느끼는 것 같다. 대견하지만 한심하다는 뉘앙스. 아름다움을 다루는 고상한 세계에 대한 동경, 그러나 그곳은 삶의 참혹한 실상과는 무관한 세계가 아닌가 하는 반발. 적어도 영화 초반 관객이 보게 되는 시 창작 교실의 풍경은 그런 통념에 얼마간 부합하는 것처럼 보인다. 아직까지 양미자에게 시를 배운다는 것은 거실에 그럴듯한 화분 하나 갖다 놓는 일과 다르지 않다. 시 한 편 써오라는 숙제를 받은 그는 사과도 만져보고 나무 그늘에도 앉아보지만 그것은 자기 삶을 깊이 들여다보지 않기 위해서 하는 일들일 뿐이다. 그런 태도는, 손자가 집단 성폭행에 가담해 한 소녀를 죽게 만들었다는 사실을 다른 학부형들을 통해 알게 되는 자리에서도, 당장은 변하지 않는다. 충격적인 사실을 듣고도 그는 자리를 피해 꽃의 아름다움 속으로 숨어버린다. 그러나 상황은 서서히 달라지기 시작한다. 시가 삶을 피하자 삶이 시 안으로 밀고 들어온다.

이어지는 세 개의 장면이 그렇다. 양미자는 죽은 소녀의 추모 미사에 참석하고, 샤워를 하면서 눈물을 흘리고, 집에 돌아와서는 손자를 붙들고 신음한다. 그러면서 제 삶의 두렵고 아픈 진실들과 별개로 시를 쓰는 일이 불가능함을 자기도 모르게 깨달아간다. 이제 시를 쓰는 일(아름다움의 발견)과 삶을 사는 일(속죄의 완수)이 하나로 포개진다. (이쯤 되면 이 영화는 이창동 감독의 전작 '밀양'을 반대로 뒤집어 다시 찍은 영화처럼 보인다. 한 번은 피해자의 입장에서, 또 한 번은 가해자의 입장에서. 한 번은 종교를 통해, 또 한 번은 예술을 통해. 한 번은 용서의 문제를, 또 한 번은 속죄의 문제를.) 이제 그는 진실한 시를 얻으려면 비용을 지불해야 한다는 것을 안다. (보편적인) 공간이 아니라 (특수한) 장소를, (추상적인) 풍경이 아니라 (구체적인) 인간을 만나야 한다는 것도 안다. 그제야 처음으로 성폭력 사건의 장소인 학교를 찾고 소녀의 주검이 발견된 강가에 가본다.

그게 다가 아니다. 또 한 번의 도약이 필요하다. 소녀의 주검이 발견된 강가에서 그가 수첩을 꺼내 시를 적으려 할 때 갑자기 소나기가 내려 백지를 적시는 장면이 결정적이다. 글자를 지우며 내리는 비는 말한다. 시는 글자가 아니라 몸으로 쓰는 것이라고. 시 창작 교실의 강사는 백지를 일러 무한한 가능성의 공간이라 했지만, 지금 젖어버린 백지는 이제 양미자에게 주어진 유일한 가능성이 시와 삶을 일치시키는 것뿐이라고 말한다. 이 정언명령의 비를 맞은 이후 양미자가 겪게 될 일은 몸의 변화다. 자신이 써야만 하는 그 시를 쓸 수 있는 몸이 되어가는 일. 그래서 합의금 오백만 원을 마련하기 위해 옷을 벗는 수치를 감내하면서 타인의 눈물을 닦아주기도 하고, '내 인생의 아름다웠던 순간'을 주제로 한 시 창작 교실에서 제 유년기를 떠올리며 스스로 눈물을 흘리기도 한다. 노년의 여성이 십 대의 소녀가 되는 과정이다. 죽은 이의 마음을 상상하고 재현하는 것이 아니라, 타자의 몸 그 자체가 되어가는 일이다.

그리고 양미자는 몸으로 쓴 시 한 편을 남긴다. 진실하고, 그래서 고통스럽고, 그래서 감히 아름답다고 말해도 좋을지조차 알 수 없는 그 시를 읽으며 우리는 깨닫는다. 시인은 보는 사람이고 또 아름다움을 발견해내는 사람이라던 강사의 저 따분한 말이 틀린 게 아니라는 사실을 말이다. 양미자의 윤리적 급진성이 거기에서 나온다. 그녀는 '문자 그대로' 행하는 인물이다. 강사는 수많은 강의에서 진정성과 예술성의 관계를 설파해오면서 자신조차 다 믿지는 않는 것을 그 안에 섞어놓기도 했을 것이다. 학생들도 고개를 끄덕이지만 끄덕이는 자신에게 성급히 만족할 뿐 실천은 하지 않으니까 말이다. 그래서 그 강사는 자신의 가르침을 문자 그대로 실천하면 도대체 어떤 시가 쓰일 수 있는지를 몰랐을 것이다. "시를 쓴 사람은 양미자 씨밖에 없네요." 나는 그의 이 말이 영화 전체를 관통하는 일종의 선언이라고 받아들였다. 양미자밖에 없다. 시를 쓰는 사람은 많지만, 시를 쓴 사람은 거의 없다.

청년기의 미하일 바흐친은 〈예술과 책임〉(1919)이라는 글에 적었다. "사람이 예술 속에 있을 때 그는 생활 속에 있지 아니하고, 그 반대도 역시 마찬가지다." 그래선 안 된다는 것, 예술과 생활을 한 인격 안에 '통일'해야 한다는 것이 그의 주장이다. 어떻게 그럴 수 있는가. 바흐친은 우선 '책임'(responsibility), 즉 응답하는 능력(response + ability)이 필요하다고 말한다. 예술(/생활)에서 체험한 것에 대해, 그것이 쓸모없어지지 않도록, 생활(/예술)로서 응답해야 한다는 것. 더 중요한 것은 그다음 말이다. "생활과 예술은 서로가 책임을 떠맡는[응답하는] 데에 그치지 않고 죄과도 떠맡지 않으면 안 된다." 내 생활의 비속함은 내 예술에 죄가 있기 때문이고, 내 예술의 황폐함은 내 생활에 죄가 있기 때문이라고 생각해야 한다는 것이다. 양미자가 한 일은 단지 시 한 편의 완성이 아니라 이런 의미에서의 통일, 즉 예술과 생활의 통일이다. 그는 생활로 예술에 책임졌고(응답했고) 예술로 생활의 죄과를 떠맡았다.

다시, '밀양'과 '시'는 연속적이다. '밀양'에서의 교회 공동체와 '시'에서 시 낭송 모임을 바라보는 감독의 시선은 공통적으로 양가적이다. 종교와 예술의 세속화를 증명하는 집단을 부정하고 싶지만 종교와 시 그 자체를 부정할 수는 없어서 생겨난 균열일 것이다. 말하자면 두 영화에서 이창동의 목표는 같다. 제도로서의 종교와 예술로부터 '종교적인 것'과 '예술적인 것' 그 자체를 구원해내기. 그래야만 그것들이 우리를 구원할 수 있을 테니까. 그러기 위해 이 영화는 양미자의 단 한 편의 시를 통해 '시적인 것'에 대한 소박하고도 두려운 정의를 제시한다. 시는 진실 혹은 진심과 더불어 써야 한다는 것. 너무나 당연해서 대개 잊어버렸고 이제는 오히려 우스워진 정의. 고리타분하고 억압적인 정의라고 반발하면서도 속으로는 죄책감과 수치심을 느끼게 되는, 바로 그 정의. 이런 의미에서 이 영화는 '시란 무엇인가'를 묻는 척하면서 '우리는 누구이며 지금은 어떤 시대인가'를 묻는다. 이 물음의 가치는 지난 십 년 동안 조금도 약화되지 않았다.

시인 클로드 무샤르 × 이창동 감독 인터뷰

대담한 고요

- 클로드 무샤르(Claude Mouchard, 1941~)는 파리8대학 명예교수이자 저명한 시인이다. 번역가, 저널리스트, 편집자로도 활동하고 있다. 1964년 소르본 대학에서 문학을 공부했으며 1966년 문예지를 통해 평론과 창작을 발표하면서 문학 활동을 시작했다. 시 전문지 《포에지》의 편집 위원으로 한국, 일본, 중국, 미국의 작품들을 프랑스에 소개하고 있다.
- 이 인터뷰는 2010년 제63회 칸 국제영화제에서 '시'가 최초로 공개되었을 때 칸 현지에서 이루어졌으며, 텍스트는 이창동 감독이 제공한 것이다.

'시'라! 영화를 보기 전에, 영화 제목치고는 참 독특하다고 생각했다. 제목을 듣는 순간 관객들이 무엇을 기대할까? 영화는 관객을 필요로 한다. 그런데 어떻게 '시'라는 제목으로 감히 관객에게 다가가길 원한단 말인가?

시란 '이제 사람들이 더 이상 원하지 않는 것'을 함축하는 단어라고 나는 가끔 생각한다. 영화 관객들이나, 관객을 핑계 대는 제작진과 배급자들도 모두 그 '사람들'에 속할 것이다.

시……. 시는 이 영화 속의 주인공인 미자와 밀접하게 연결되어 있다. 그녀의 삶은 초라하다. 음울한 사춘기의 손자를 데리고 살고 있는 그녀는 '회장님'이라 부르는 반신마비의 노인네를 간병하는 일을 하고 있다. 그런데도 그녀는 화면 속에서, 나름 자유를 즐기며 꽃처럼 아름답게 피어난다. 다른 인물들은 그녀의 우아함을 좀 신기하게 바라보기도 한다. 꽃술이나 꽃 이파리를 상기시키는 그녀의 순수함과 나약함 속에는 그러나 꺾을 수 없는 뭔가가 숨겨져 있다.

범죄가 있고, 그것을 추적하는 과정을 담고 있지만, 이 영화는 줄거리를 얘기하기 힘든 영화이다. 오직 현재만이 존재한다. 미자가 밭에서 희진의 엄마와 얘기하는(자기가 왜 왔는지도 잊어버린 채) 장면은 시간이 멈추어진 듯하다. 순수한 현재성만 존재할 뿐.

이 영화는 공기처럼 가볍고도 고통스런 영화이다. 영화의 매 순간을 몸으로 느껴야 한다. 순간과 순간을 이어주는 유동적인 내적 관계 속에서 영화는 관객을 사로잡는다. 네덜란드의 화가 데 쿠닝(Willem de Kooning, 1904~1997)처럼 치매로 기억을 잃어버린 할머니의 시선 덕분에 일종의 감각적인 운율이 영화 속에 형성된다. 색채, 꽃, 새소리(미쳐가던 버지니아 울프는 새소리의 의미를 이해한다고 생각했다)…….

시? 시는 이 영화 속 곳곳에 존재한다. 또한 연결의 역할을 한다. 인물과 인물이 서로 융합될 정도로. '아녜스의 노래'는 미자의 목소리에서 소녀의 목소리로 넘어간다. 죽은 소녀는 다시 살아나서 관객을 똑바로 바라본다. 그 아이의 얼굴에 어렴풋한 미소가 보이기도 한다. 영화 전체에 강한 알레고리의 힘이 퍼져 있다. 말로 옮길 수 없고 마음으로 담아야 하는 하나의 질문 같다고나 할까. 나는 그 가운데 몇 개의 질문 조각들을 감독에게 묻고 그의 대답을 듣고자 했다.

클로드　한 편의 영화를 만드는 과정 중 영화의 제목은 언제 결정하시는지요? '시'라는 제목으로, 시에 관한 영화를 만들기로 한 아이디어는 언제 어떻게 떠올랐는지?

이창동　나는 보통 제목을 일찍 짓는 편입니다. 제목이 정해지지 않으면 이상하게도 그 영화가 정말로 만들어질 것인지 확신이 서지 않아요. 몇 년 전에 한국의 밀양이란 도시에서(영화의 '밀양'의 배경이 된 그 도시지요.) 10대 남자아이들이 여중생을 집단으로 성폭행한 사건이 발생했습니다. '밀양'을 준비할 때 일어난 그 사건은 영화 촬영 중에도, 그 이후에도 내 머리를 떠나지 않았어요. 그 사건을 영화로 만들어야 한다는 일종의 의무감 같은 것을 느꼈지만, 그것을 어떻게 영화로 말할 수 있는지는 알 수 없었습니다. 처음에는 레이먼드 카버의 단편소설〈그토록 많은 물이 집 가까이에(*So Much Water So Close To Home*)〉와 같은 플롯을 생각했으나 너무 익숙한 구조 같았지요. 그런데 어느 날 아침 일본 교토의 한 호텔 방에서 TV를 보고 있을 때 갑자기 '시'라는 제목이 떠올랐어요. 아마도 잠 못 이루는 여행자들을 위한 채널이었을 거예요. 평화로운 강이 보이고, 새들이 날아가고, 그물을 던져 고기를 잡는 어부들이 보이는 매우 전형적인 풍경 위로 명상 음악 같은 것이 흘러나오는 화면. 그걸 보면서 갑자기 그 잔인한 사건을 다루는 영화의 제목은 '시'여야 할 거라고 생각했어요. 제목과 함께 영화의 주인공과 플롯도 거의 동시에 떠올랐고요. 마침 그 여행의 동행자는 나의 오랜 친구인 황지우 시인이었어요. 그날 저녁 내가 '시'라는 제목과 영화의 플롯에 대해 이야기해주었더니 그는 대단히 무모한 프로젝트인 것 같다며, '시'라는 제목으로 할머니가 시 한 편 쓰는 이야기가 어떻게 영화로 만들어지겠냐고 말하더군요. 그러면서 내가 몇 번의 성공을 거두더니(그것도 아주 작은 성공이지만) 자만에 빠진 것 같다고 경고해주었어요. (웃음) 그러나 이상하게도 그 말을 듣자 이걸 꼭 해야 한다는 내 확신은 더 강해졌지요.

클로드 이 영화를 윤정희라는 배우와 찍겠다고 생각하신 것은 언제인가요? 한국의 관객들이 이 배우를 바로 알아볼지, 혹은 그렇지 못할 세대도 있는지요?

이창동 아마도 20대의 젊은 관객들은 윤정희 씨를 잘 알지 못할 겁니다. 한국영화는 세대 간의 단절이 깊거든요. 나는 처음부터, 그러니까 영화의 주인공이 홀로 손자를 데리고 사는 60대 중반의 여성이라는 생각을 하면서부터 윤정희 씨를 떠올렸어요. 그 생각은 아주 당연한 사실인 듯 매우 자연스럽게 자리 잡았지요. 그녀가 지난 15년 동안 한 번도 활동을 하지 않았다는 사실 같은 것은 아무 상관도 없었어요. 주인공의 이름도 '미자'였고, 배우 윤정희의 본명도 '미자'였습니다. 일부러 그런 것은 아닌데, 아주 자연스런 우연의 일치였어요.

클로드 치매라는 소재는 언제 생각하셨나요? 미자가 밭에서 희진의 엄마를 만날 때 할 말을 차마 못 한 것인지, 아니면 잊어버려서 말을 안 한 것인지요?

이창동 '치매'는 '시'라는 제목, 그리고 난생처음 시를

266   시 *Poetry* 각본집

쓰기 시작하는 60대 여성인 주인공, 10대 남자아이를 혼자 키우는 할머니 등과 함께 동시에 떠오른 단어였습니다. 그녀는 시를 배우면서 동시에 낱말들을 잊어버리기 시작하지요. 치매는 매우 분명하게 죽음을 암시합니다. 그리고 죽음은 남아 있는 것들과 떠나는 자의 관계에 대해 생각하게 하고요. 죽은 소녀의 엄마를 만나러 밭으로 갈 때 그녀는 전원의 아름다움에 도취하고 시상을 떠올립니다. 그러다가 정작 피해자의 엄마를 만나서는 자신이 왜 왔는지 잊어버리지요. 물론 그것은 치매 때문일 겁니다. 망각이란 그처럼 잔인한 것이죠. 또한 동시에 그것은 그녀의 '시' 때문이기도 해요. 종종 시는 현실을 잊어먹게도 하니까요.

클로드 시 강의를 맡은 시인은, 시를 쓰는 기법에 대해서는 전혀 얘기하지 않고, 일상의 삶 속에서 가져야 할 시에 대한 태도를 말합니다. 그중에서도 '잘 보는 것'에 대해 강조합니다. 이 점에 있어 시와 영화를 접목하여 생각할 수 있을지요?

이창동 그렇지요. '잘 보아야 한다'는 것은 시에 대한 이야기이면서, 동시에 영화에 대한 이야기이기도 합니다. 어떤 영화들은 관객들에게 세상을 새롭게 보도록 만들어주지요. 또 어떤 영화는 관객들이 보고 싶은 것만 보게 만들고요. 또 어떤 영화들은 아무것도 보지 못하게도 합니다.

클로드　　시 강의와 시사랑 모임 등을 통해 시는 이 영화의 중심 주제가 되고 있습니다. 동시에, 영화의 구조 자체가 시와 연관이 많다고 생각합니다. 이 영화가 감독님의 다른 어떤 영화보다도 제 맘에 드는 이유는 순간과 순간을 이어주는 관계의 유동성 때문입니다. '열린' 영화라고 정의해도 될까요?

이창동　　처음부터 나는 시처럼 여백이 많은 영화를 생각했어요. 그 여백은 관객이 채울 수 있을 것입니다. 그런 점에서 '열린' 영화라고 할 수 있겠지요.

클로드　　그런 이유로 당신은 영화에서 어쩌면 가장 중요하다고 할 부분을 빈자리(blank)로 남겨둡니다. 미자가 손자 욱이와 마지막으로 배드민턴을 치는 순간 시 모임에서 음담패설을 일삼는 박상태라는 경찰이 나타나서 욱이를 연행하는데, 미자는 마치 그가 나타날 것임을 예상하고 있었던 것처럼 보입니다. 미자가 손자의 범행을 그에게 신고한 것인가요? 그런데 왜 그것을 관객에게 분명하게 보여주지 않았는지요?

이창동　　그것은 미자의 비밀이기도 하고 영화의 비밀이기도 합니다. 그 비밀을 해석하는 것은 관객의 몫이지요. 미자는 그 누구에게도 자신의 비밀을 이야기하고 싶지 않았을 겁니다. 하지만 몇 가지 암시(어쩌면 충분한)는 있지요. 식당

밖에서 그녀가 홀로 울고 있을 때 그 형사가 곁을 지키고 있었다든지, 연행되던 날 그녀가 손자에게 갑자기 피자를 사주고 목욕을 시켰다든지, 아이의 발톱을 손수 깎아주었다든지, 아이의 엄마를 오게 했다든지……. 그러나 나는 그런 것들을 직접 보여주고 싶지 않았어요. 나는 이것을 일종의 중세 유럽에서 유행했던 '도덕극(morality play)' 같은 것으로 관객에게 제시하고 싶었어요. 그것은 연극의 결말을 관객에게 선택하도록 하는 형식이지요. 그것처럼 '시'의 관객도 영화의 빈자리(blank) 앞에서 주인공처럼 어떤 선택―도덕적 선택을 해야만 하는 숨겨진 게임 같은 것이지요. 물론 그 게임은 너무나 은밀해서 관객이 의식조차 하지 못할 수도 있어요.

클로드 미자가 '회장님'과 관계를 갖는 장면에서 미자는 이미 회장님께 돈을 부탁할 생각을 하고 있었나요? 제가 보기엔 돈을 부탁할 생각은 나중에서야 하는 듯합니다만……. 그냥 죽기 전에 회장님께 '선물'을 하기로 작정한 것인지요?

이창동 미자가 어떤 생각, 어떤 감정으로 그 늙은 마초 같은 남자에게 '자비'를 베풀게 되었을까요? 어쨌든 그 결심을 하기 전에 그녀는 소녀가 죽었던 강가에서 비를 맞으며 오래 생각에 잠겨 있었습니다. 아주 깊고도 복잡한 생각이 그녀를 사로잡고 있었을 거예요. 소녀의 죽음을 불러온 미성숙한 남자아이들의 성욕, 그리고 자신에게 마지막으로 남자 구실을 하게 해달라고 애원하는 또 다른 늙은 남자의 성욕에 대해 생각을 했을 겁니다. 그리고 모순되게도 그녀는 그의 소원을 들어주기로 하지요. 아마도 순수한 동정심이었을지도 모릅니다. 하지만 나중에 그녀는 그에게 돈을 요구하면서 자신의 행위를 스스로 더럽혀버리지요. 슬프지만, 그것은 그녀에게 불가피한 선택이었어요.

클로드　이 영화 속에는 시각적인 메아리가 있다고 생각합니다. 가령 꽃이 그렇습니다. 특히 붉은 꽃. 피와 연관되는. 미자의 집 부엌에 설거지통이 보이고, 미자가 설거지통을 바라보고, 시 강의 도중에도 시는 설거지통 속에도 있다는 말이 나옵니다. 마치 시에서 운율을 맞추듯이요. 같은 방식으로, 강물에 떨어지는 미자의 모자는 소녀의 자살을 생각하게 합니다. 그것은 첫 장면의 떠내려 오는 시신을 떠올리게 하고요.

이창동　말씀하신 대로 붉은 꽃은 피와 연관되어 있습니다. 종종 아름다움은 더러움과 연결되어 있지요. 그리고 아름다워 보이는 꽃도 조화인 경우가 많고요. 강물로 떨어지는 모자는 소녀의 자살을 연상시키고, 나아가 미자 자신의 운명을 암시하고 있습니다.

클로드　그것과 관련하여, 이 영화의 내러티브상의 결말도 여백으로 남겨져 있습니다. 한 편의 시를 남기고 미자는 어디로 간 것일까요? 영화의 마지막 부분, 시를 읽는 그녀의 목소리가 들릴 때 우리는 그녀의 부재(不在)를 느낄 수 있을 뿐, 그녀가 어디로 갔는지는 알 수 없습니다. 혹시 그녀가 자살을 한 것일까요?

이창동　나는 그것 또한 관객이 채워 넣어야 할 빈자리(blank)로 남겨두고 싶었습니다. 하지만 역시 암시는 있어요. 마지막 장면을 가득 채우는 강물의 흐름은 그녀가 소녀의 운명을 자신의 운명으로 받아들였음을 정서적으로 암시하고 있습니다. 그리고 땅에 떨어진 살구에 대한 그녀의 생각 같은 것도 그렇지요.

클로드　미자의 운명과 소녀의 운명이 겹쳐진다는 것은 그녀가 마지막으로 단 한 편 쓰게 되는 시의 제목이 '아녜스의 노래'인 것과 관련이 있는지요? 그 시를 낭송하는 미자의 목소리는 희진의 목소리로 바뀝니다. 두 인물이 융합되는 것인지요?

이창동　아녜스는 죽은 소녀의 세례명입니다. 따라서 미자가 세상에 남기는 단 한 편의 시가 그 소녀를 대신해서 쓰는 시인 것이지요. 그녀를 대신해서, 그녀가 세상에 남기고 싶었던 목소리를 미자가 대신하는 겁니다. 시를 통해서 둘은 하나가 되었다고 볼 수 있지요.

클로드   당신은 이 영화가 '시가 죽어가는 시대에 시란 무엇인가'라는 질문이라고 했습니다. 그리고 그것은 영화가 죽어가는 시대에서의 영화에 대한 질문이기도 하다고 했습니다. 그렇다면, 시에 대한 당신의 생각이 이 영화의 결말에 반영되어 있습니까?

이창동   나는 관객에게 질문을 하고 싶었을 뿐이고, 그 대답은 관객에게 맡겨져 있습니다. 그런데 적어도 시에 대한 내 생각 중 하나는, 시란 나 아닌 그 누군가의 감정과 생각을 대신해서 노래한다는 것입니다. 만약 누군가 내게 왜 영화를 만드느냐고 묻는다면, 나는 당신을 대신해서 당신의 이야기를 하는 것이라고 대답할 수 있을 겁니다.

부록

시놉시스 × 트리트먼트
이창동 필모그래피

시놉시스

프롤로그는 어느 강가의 풍경으로부터 시작한다. 남한강 상
류의 어느 강가. 강의 물살이 쉼 없이 밀려오고, 강 좌우의 숲
과 강 너머의 산들, 그리고 멀리 이따금 차들이 바쁘게 지나
가는 낡은 다리도 보인다. 물소리, 바람 소리, 새소리 등 온갖
종류의 자연의 소리도 들을 수 있다. 평범하면서도 평화로운,
아마도 '시적(詩的)'이라고 불러도 좋을 아름다움. 강가 모래
밭에서 아이들이 놀고 있다. 그중 한 아이가 멍하니 강 쪽을
바라보고 있다. 이윽고 천천히 강 쪽으로 다가오는 아이를 카
메라가 따라가면, 물살에 떠내려 오는 누군가의 시체가 보인
다. 타이틀 '시(詩)'가 떠오른다.

남한강 상류를 끼고 있는 경기도의 어느 작은 도시. 한 여자
가 병원의 복도에 앉아 있다. 육십 대 중반쯤으로 보이는 그
녀는, 그러나 모자를 쓰고 소풍 나가는 어린 소녀처럼 꾸며

입고 있다. "양미자 님!" 간호사가 그녀의 이름을 부르고, 그녀는 진료실에서 의사와 마주 앉는다. 며칠 전부터 팔이 저릿저릿해 온다고 의사에게 설명을 하던 중 그녀는 갑자기 아주 쉬운 단어를 기억해내지 못한다. 의사는 그녀에게 큰 병원에 가서 정밀 검사를 한번 받아보라고 말한다.

그 도시 한쪽의 낡은 서민 아파트에서 그녀는 열여섯 살 난 중학생 손자인 종욱과 함께 살고 있다. 오래전부터 그녀는 손자를 혼자 키워왔다. 그녀의 딸은 몇 해 전 이혼을 한 뒤 아이를 그녀에게 맡겨둔 채 돈벌이를 위해 멀리 부산에서 살면서 가끔 생활비나 부쳐올 뿐이다. 그녀는 시청에서 생활 보호 대상자로 쥐꼬리만 한 돈을 보조받으면서, 가끔 파출부나 식당 일을 나가기도 한다. 늙고 가난하고 외로운 여자이지만, 그녀는 늘 스스로를 세련된 여자로 꾸미고 싶어 한다. 외출할 때에는 꼭 화장을 하고, 스카프도 두르고, 모자도 쓰고 다닌다. 얼마 전부터는 시청 문화원에서 개설한 시민을 위한 문학 강좌에도 나가고 있다. 수강생은 스무 명 정도인데, 지방의 이름 없는 시인인 나이 든 강사는 수강생들에게 한 달간의 강좌가 끝날 때까지 시 한 편씩을 쓰라는 과제를 낸다. 평생 시 같은 것하고는 아무런 인연이 없이 살았던 그녀는, 그리하여 난생처음으로 시라는 것을 쓰려고 노력하기 시작한다.

어느 날 문학 강좌에 나갔다가 그녀는 며칠 전 강에서 어느

시 *Poetry* 각본집

소녀의 시신이 발견되었다는 소문을 듣는다. 그녀의 손자인 종욱과 같은 학교 같은 학년의 여자아이인데, 다리 위에서 강물로 몸을 던져 스스로 목숨을 끊었다는 것이다. 그녀는 종욱에게 그 소녀가 어떤 아이였는지, 왜 자살을 했는지 아느냐고 물어보지만, 그는 같은 학교에 다니긴 했어도 잘 모르는 아이라고 심드렁하게 대답할 뿐이다. 잠시 일렁이던 물결이 가라앉듯 소문은 곧 잠잠해지고, 마치 아무 일도 없었다는 듯 사람들의 일상은 그대로다.

그녀는 시를 쓰기 위해 애를 쓰긴 하지만, 시를 쓴다는 게 참 쉬운 일이 아니다. 어떻게 해야 시라는 걸 쓸 수 있는지, 시의 첫 줄을 시작할 수 있는지 도무지 알 수가 없다. 강사인 김 시인은 시를 쓰기 위해서는 세상의 모든 것을 '잘 보는' 것이 중요하다고 말한다. 사과 하나라도 오래 바라보고, 사과의 그림자도 관찰하고, 이리저리 만져보고 뒤집어보고, 한입 베어물어보고, 사과에 스민 햇볕도 상상해보는 것이라고 했다. 그 말대로 그녀는 식탁 위의 사과를 오래 바라보고, 설거지통에 담긴 그릇 같은 것도 오래 바라보고, 버스 정류장에 앉아 지나가는 사람들을 바라보기도 하고, 나무 아래에서 몇 시간을 앉아 있기도 한다. 그래도 시상(詩想)은 잘 떠오르지 않는다.

어느 날 기범이 아버지란 사람이 그녀에게 전화를 걸어와서 좀 만나자고 한다. 기범이는 손자 종욱이 맨날 어울려 다니는 대여섯 명의 학교 친구들 중 한 명이다. 기범이 아버지는 그녀에게 얼마 전 자살한 소녀에 관한 놀라운 이야기를 들려준다. 그 여자애는 죽기 전 몇 달 동안 같은 학교의 남학생 몇 명으로부터 성폭력을 당해왔고, 그 가해 남학생 중에는 종욱이도 포함되어 있다는 것이다.

가해자의 부모들이 한자리에 모였다. 여섯 명의 가해 학생 부모들 중에서 그녀를 제외하곤 모두가 아버지들이 나왔다. 그들은 어떻게 하면 아이들이 저지른 일이 문제가 되지 않고 덮일 수 있을지 의논한다. 마치 아무 일도 없었던 것처럼. 안됐지만 죽은 아이는 이미 되돌릴 수 없게 되었으니, 이제 남자아이들의 장래를 생각해야 할 때라는 것이다. 그러자면 피해자 쪽이 아이들을 고발하거나 문제 삼지 않도록 해야 한다. 우선 죽은 소녀의 부모를 달래고 설득하기 위해 위자료가 필요하고 적어도 일 인당 오백만 원 정도의 돈을 부담해야 한다. 또 사건이 수면 위로 드러나지 않도록 학교 선생들, 경찰, 지역 신문 기자들에게까지 손을 써야만 한다.

문제를 드러내지만 않으면 아이들은 계속 보통 아이들로 남아 있게 될 거라고 그들은 생각하는 것 같다. 사실 아이들의 아버지들은 그 도시의 고만고만한 자영업자, 농협 직원, 펜션 사장 등 별다를 것 없는 보통 사람들이다. 보통 가정의 보통 아이들. 이번 일만 문제시되지 않으면 아이들 역시 그들의 아버지처럼 보통의 어른으로 성장하게 될 것이다.

사실 미자 역시 자기 손자가 보통의 아이인 줄로만 알았다. 그녀는 자기 아이가 어떻게 이런 일을 저질렀는지 이해할 수 없다. 중학생이 되면서 목소리도 굵어지고, 코밑이 거뭇거뭇해지고, 친구들끼리 제 방에 들어가 문을 잠가놓고 무얼 하는지 킬킬거리고 있어도, 아이는 변함없는 그 아이일 거라고 생각했다. 그런데 이제 아이가 저지른 일을 알고 난 뒤 그녀는 아이를 어떻게 대해야 할지 알 수가 없다. 무슨 말을 해야 할지, 어떻게 얼굴을 쳐다봐야 할지 알 수가 없다. 그래서 그녀는 아이에게 아무 말도 하지 못한다. 마치 아무 일도 없었던 것처럼. 가끔 전화를 걸어오는 딸에게조차 말하지 못한다. 지금까지 아이는 그녀의 인생에서 유일한 사랑이고 위안이었다. 그녀는 늘 아이를 위해 음식을 만들고, 아이가 그것을 먹는 모습을 보는 것이 자신에게 가장 큰 즐거움이라고 말하곤 했다. 그러나 이제 그녀는 다시는 그런 감정을 느낄 수 없게 되고 말았다.

정밀 검사 결과를 알기 위해 그녀는 서울의 한 종합 병원을 찾아간다. 그리고 의사로부터 초기 알츠하이머라는 진단을 받는다. 지금은 매우 가벼운 상태로 보이지만, 차츰 기억을 잃고 단어들도 조금씩 조금씩 잊어버리게 될 것이라는 것이다.

"처음에는 명사를 잊어버리시게 될 거예요. 그러다가 차츰 나중에는 동사, 형용사 같은 것이 생각이 안 나실 거예요.

동사 아시죠?"

"네, 알죠. 동사."

그녀는 힘없이 웃는다. 그러나 그녀는 사람들한테 자신의 병을 숨긴다. 심지어 자신의 딸과 손자한테조차 이야기하지 않고 정상인 척 꾸미려 한다. 아직은 아주 초기 단계인지라 겉으론 멀쩡해 보이지만, 가끔 말도 안 되는 건망증을 경험하기도 한다. 그것은 앞으로 그녀가 차츰 기억을 잃어가고, 결국은 모든 것을 다 잃어버리고 말 것이라는 무서운 신호처럼 느껴진다.

겉보기에 세상은 달라진 것이 아무것도 없다. 이 변함없는 일상 속에서 그녀는 자신이 무엇을 해야 하는지 알 수 없다. 무엇보다 당장 위자료로 낼 오백만 원을 구해야만 하는데, 그녀에게는 그 정도의 돈을 구할 데가 없다. 그녀가 고작 할 수 있는 것은 죽은 소녀의 흔적을 몰래 찾아보는 일이다. 그녀는 소녀가 몸을 던졌다는 바로 그 다리를 찾아간다. 소녀가 마지막으로 서서 저 아래쪽 소용돌이치는 검은 강물을 내려다보았을 바로 그 자리에도 서본다. 아이들의 학교에 찾아가서 범행 장소로 주로 이용되었다는 과학 실습실을 들여다보기도 한다. 소녀 역시 보통 아이였다. '아녜스'라는 세례명을 가진, 평범한 농사꾼 부모의 평범한 딸.

학교와 경찰 쪽은 어떻게 무마가 될 것 같은데, 피해자 쪽에서는 말을 듣지 않으려는 눈치다. 가해 학생들의 부모들은

시 *Poetry* 각본집

미자에게 소녀의 부모를 한번 만나보라고 한다. 그들 생각엔 손자 하나를 보고 혼자 살고 있는 불쌍한 할머니가 사정을 하면, 피해자의 부모도 마음이 약해지리라는 것이다.

별로 내키지는 않았지만, 그녀는 어쩔 수 없이 소녀의 집을 찾아가기로 한다. 기범이 아버지가 그녀를 그 집까지 차로 데려다주기로 했다. 차를 타고 가면서 아무래도 그는 그녀의 옷차림이, 그중에도 모자가 마음에 들지 않는 눈치다. 손자와 단둘이 살고 있는 외롭고 불쌍한 할머니에게 어울릴 만한 의상은 아니었으니까. 그녀를 그 집 앞에 내려주고 기범이 아버지는 떠난다. 소녀의 집은 비어 있다. 잠시 빈 집에 혼자 앉아서 그녀는 마루에 걸린 여중생의 사진을 쳐다본다. 집주인이 밭에 일하러 나갔을 거라는 이웃집 여자의 말을 듣고 그녀는 소녀의 부모가 있다는 밭을 향해 걸어간다.

조용하고 평화로운 시골의 작은 오솔길을 천천히 걸어가는 동안 차츰 기분이 가벼워진다. 그녀는 하늘도 올려다보고 주위의 나무들도 둘러보고 길가에 핀 들꽃을 꺾기도 한다. 가을 햇살은 따사롭게 내리쬐고 바람은 부드럽게 머리칼을 날린다. 어쩐지 금방 시 한 줄이라도 떠오를 것만 같다. 저만치 밭 한가운데서 얼굴이 까맣게 탄 여인이 허리를 굽힌 채 일하고 있다. "안녕하세요?" 가까이 다가가며 그녀가 인사하자, 여인도 허리를 펴고 대답한다. "예, 안녕하세요." "날씨 참 좋죠?" "네 날씨가 도와주네요." "여기 참 좋은 곳인 거

같아요. 경치도 너무 좋고……." 그들은 농사일에 대해, 시골
생활에 대해, 농장 수확물 등에 대해 가벼운 대화를 나눈다.
(아마도 여인은 그녀가 산책을 나온 사람쯤으로 생각하는 듯하다.)
잠시 동안 수다를 떤 뒤에, 그녀는 여인에게 인사를 하고 그
자리를 떠난다. "그럼 수고하세요!" "네, 안녕히 가세요!" 몇
걸음 걸어가다가 갑자기 그녀는 걸음을 멈춘다. 그리고 충격
과 두려움에 사로잡힌 얼굴로 뒤를 돌아본다. 비로소 그녀는
자신이 왜 이곳에 왔는지 깨닫게 된 것이다.

　　그녀는 사람들에게 왜 소녀의 엄마를 만나 아무 말도 못하
고 왔는지 변명할 수가 없다. 더구나 이제 다시는 그 엄마를
만날 수도 없게 되고 말았다. 종욱 친구들의 아버지들은 그녀
에게 빨리 위자료를 내라고 재촉하고, 그녀는 돈을 구할 방법
도 없으면서 며칠 뒤 돈을 주겠다고 약속한다. 그러면서도 그
녀는 여전히 문학 강좌를 들으러 나가고, 김시인을 따라 시
낭송회 모임에도 참석한다. 그러나 아직도 시를 쓰는 것은 어
렵다. 시를 쓴다는 것은 진정한 아름다움을 찾는 일이라는데,
눈앞에 보이는 그녀의 일상에 진정한 아름다움이라는 것이
있는지조차 의심스럽다.

　　그런데도 그녀는 시를 쓰기 위해 노력한다. 늘 쓰던 아주
쉬운 단어도 가끔씩 잊어버리지만, 그러나 그녀는 눈앞의 작
은 물건들, 사람들, 풍경들을 오래 바라보면서 머릿속에 떠오
르는 단어들을 노트에 적기도 한다. 그리고 김시인의 말처럼

'가슴속에 갇혀 있던 시가 날개를 달고 날아오를' 수 있기를 기다린다.

결국 그녀는 위자료로 낼 돈을 구하게 되고, 그리고 마침내……. 한 편의 시를 완성한다.

트리트먼트[*]

프롤로그.

   남한강 줄기의 어느 강가. 햇빛에 반짝이며 화면 앞으로 끊임없이 밀려오는 물너울. 강 좌우의 숲과 강 너머의 산들, 그리고 멀리 이따금 차들이 지나다니는 높은 다리도 보인다. 물소리, 바람 소리, 새소리 등 자연의 소리 가득한 가운데 강가에서 노는 아이들의 소리가 들린다. 강가 모래밭에서 어린 아이들 몇 명이 놀고 있다. 그중 한 아이가 어딘가를 바라보다가 천천히 물가 쪽으로 다가온다. 저만치 물살에 교복을 입은 여학생의 시신이 떠내려 오고 있다.

   타이틀 '시(詩)'가 떠오른다.

• 트리트먼트(treatment). 시놉시스가 5매(A4 기준) 미만의 짤막한 요약본 기획서라면, 트리트먼트는 본격적인 시나리오 작업 전에 조금 더 긴 줄거리를 쓴 것으로, 사건들이 유기적으로 연결되고 있는가를 확인하게 해주는 기능을 갖는다. 트리트먼트에는 구체적인 사건, 스토리의 핵심이 되는 중요 대사가 포함된다.

먼 부감. 남한강을 끼고 있는 경기도의 어느 작은 도시. 화면 한쪽으로 도시를 끼고 흐르는 강이 햇빛을 반사하고 있다. 사이렌 소리가 들린다.

병원 대기실의 TV 화면. 자식을 잃은 팔레스타인 어머니가 울부짖고 있는 뉴스 화면을 무심히 보고 있는 사람들 사이에 미자가 앉아 있다. 육십 대 중반으로 보이는 그녀는 화사한 스카프를 매고 모자까지 쓰고 있지만, 한눈에도 그리 세련되어 보이는 차림은 아니다.

"양미자 님!"

간호사가 그녀의 이름을 부르고, 그녀는 진료실에서 의사와 마주 앉는다. 어디가 불편하냐고 의사가 묻는다.

"팔이 저릿저릿해서요. 꼭 그 뭐야……? 그거 통한 거같이……. 아이고, 말이 생각이 안 나네. 내가 요새 이래요. 그거 뭐지?"

스스로 어이없다는 듯이 웃는 그녀를 의사가 물끄러미 보고 있다. 그녀는 천장의 전등을 가리킨다.

"저거……. 저런 거……. 있잖아요."

"전기요?"

"예, 전기!"

의사는 팔은 운동하면 나아질 것이지만, 단어를 떠올리지 못하는 것이 마음에 걸린다며 큰 병원에 가서 정밀 검사를 받아보라고 말한다.

미자가 누군가와 전화 통화를 하며 병원 현관을 나온다. 보아 하니 딸과 통화하는 것 같다.

"병원에 와 있어. 아, 팔이 저려갖고……. 병원에 진단 받으러 온 거야. 혼자 왔지, 이년아. 같이 올 사람이 누가 있어?"

그녀는 응급실 앞에서 울고 있는 여인을 본다. 농사꾼 아낙네처럼 보이는 사십 대 중반의 여인이 맨발로 왔다 갔다 하며 울고 있고, 열두어 살쯤 되어 보이는 남자아이가 그녀의 발에서 벗겨진 슬리퍼 두 짝을 손에 들고 그녀를 따라다니고 있다.

"……못된 년……. 독한 년……. 어쩌면 그렇게 못될 수가 있어…….."

그녀의 입에서는 울음 같기도 하고 알지 못할 괴성 같기도 한 소리가 끊임없이 흘러나오고 있다. 그런 그녀를 보고 있는 사람들 사이에 미자의 놀란 얼굴도 있다.

시내 중심가에 있는 꽤 큰 슈퍼로 들어가는 미자. 계산대에 있던 사십 대 중반으로 보이는 주인 여자가 미자에게 왜 늦었느냐고 묻자, 미자는 병원에 갔었다고 말한다.

"두 번이나 전화 왔어요. 왜 빨리 안 오냐고…….."

미자가 겁난다는 시늉으로 혀를 쏙 내민다. 여자가 미자에게 열쇠를 내민다. 계단을 올라가는 미자를 보며 주인 여자가 전화를 건다.

"아버님, 간병 아줌마 지금 올라가요."

슈퍼가 있는 건물의 3층집이 그녀가 간병인 일을 하고 있는 곳이다. 그녀가 이틀에 한 번 간병을 하는 강노인은 지금도 사람들이 꼭 '회장님'이라 부를 정도로 이 지역의 유지였는데, 지금은 중풍이 들어 거동을 제대로 하지 못한다. 미자는 강노인을 욕조에서 씻기면서 마치 말 안 듣는 아이를 다루듯 한다.

"가만히 있어요, 가만히 있어봐요! 이렇게 뻗대면 어떻게 해요? 옳지, 옳지! 아이고, 잘하네!"
노인이 뭐라고 알아들을 수 없는 소리를 낸다.
"뭐라고요?"
다시 노인이 뭐라고 화난 음성으로 말한다.
"내가……. 귀가……. 귀가 멀쩡한데……. 왜 소리를 지르냐고요?"
그녀는 어이없다는 듯 짧막하게 웃는다.
"알았어요. 죄송해요, 소리 안 지를게."
계속 그의 몸을 씻기는 그녀.

낮은 서민 아파트의 버스 정류장에 버스가 서면, 미자가 내린다. 아파트로 가려다가 정류장 벽에 붙은 포스터를 본다. '당신도 시인이 될 수 있습니다!'라는 글귀와 그 밑에는 '김용탁 시인 초청 문학 강좌'라고 쓰여 있다.

미자가 손자인 종욱에게 저녁밥을 차려주고 있다. 종욱은 이
제 막 여드름이 나기 시작한 열여섯 살 된 중3이다. 좁은 아파
트 내부는 가난하고 궁색한 그들의 살림살이를 보여준다. 그
녀의 딸은 몇 해 전 이혼을 한 뒤 아이를 그녀에게 맡겨둔 채
돈벌이를 위해 멀리 부산에서 살면서 가끔 생활비나 부쳐올
뿐이다.

"너 낮에 할머니가 전화했었는데 왜 안 받았니?"

"전화 왜 했는데요?"

"뭐야……. 니네 학교 여자애가 자살했다며? 강에 뛰어내
려갖고……. 그래서 물어볼려고 그랬지……."

"뭘 물어봐?"

"걔가 어떤 앤지, 왜 자살을 했는지……. 앞길이 구만리 같
은 애가……."

그러나 종욱은 잘 모르는 애라고, 이름도 모른다고 말한다.

밤에 아파트 앞의 공터에서 미자와 욱이 배드민턴을 치고 있
다. 미자는 한 번 칠 때마다 끙끙 소리를 내면서 열심히 치는
반면에 욱은 별로 흥미가 없는 듯 심드렁하게 치고 있다.

"야! 좀 성의 있게 쳐!"

"재미없어."

"그래도 좀 잘 쳐봐. 할머니 운동해야 돼. 병원에서 운동하라고 했단 말이야."

잠시 어두운 허공에서 하얀 셔틀콕이 왔다 갔다 날아다닌다. 욱이의 핸드폰이 울린다. 배드민턴을 치다 말고 욱이 핸드폰을 꺼내 보더니, 땅바닥에 라켓을 놓고 돌아선다. 미자가 소리친다.

"야, 어디 가?"

"친구 만나러 가야 돼!"

"이 밤중에 가긴 어딜 가?"

그러나 욱은 대답 없이 어둠 속으로 뛰어간다.

햇살이 잘 들어오는 강의실에서 김용탁 시인(김시인)이 강의를 하고 있다. 시청 문예 회관에서 개설한 시민을 위한 문학 강좌. 삼사십 대 여성이 대부분인 수강생들이 진지한 표정으로 김시인을 쳐다보고 있다.

"시를 쓰기 위해서는 잘 봐야 돼요. 세상의 모든 것을 잘 보는 것이 중요해요."

문이 열리고 미자가 뒤늦게 교실로 들어온다. 김시인은 그녀가 자리에 앉을 때까지 기다렸다가 강의를 계속한다. 그가 주머니에서 사과 하나를 꺼내어 들어 보인다.

"여러분들 지금까지 일생 동안 사과를 몇 번이나 봤어요?"

누군가 작은 소리로 '만 번'이라고 말한다.

"만 번? 백만 번? 틀렸어요. 여러분은 지금까지 사과를 한 번도 본 적이 없어요. 한 번도!"

무슨 소린가 하고 열심히 쳐다보는 수강생들.

"지금까지 여러분은 사과를 진짜로 본 게 아니에요. 사과라는 것을 정말 알고 싶어서, 관심을 갖고, 이해하고 싶어서, 대화하고 싶어서 보는 것이 진짜로 보는 것이에요. 무엇이든 진짜로 보게 되면 뭔가 떠오르게 돼요. 자연스럽게 느껴지는 것이 있어요. 샘에 물이 고이듯이. 종이와 연필을 놓고 그 순간을 기다리는 거예요."

김시인은 한 달간의 강좌가 끝날 때까지 모두 시 한 편씩을 써야 한다고 말한다. 시인을 바라보는 미자의 얼굴이 약간 들뜬 듯이 보인다.

밤에 미자가 집 안에서 혼자 서성거린다. 좁은 거실을 왔다 갔다 하면서 집 안에 있는 물건들을 관찰하고 있는 중이다. 김시인의 말대로 주위에 있는 물건들을 '진짜로 보려고' 노력하고 있다. 난생처음으로 시라는 것을 쓰기 위해.

초인종이 울리고, 욱이가 방에서 나온다. 친구들이 왔단다.

"친구들이 왜 와? 이 밤중에……. 지금 몇 신데?"

"얘기할 게 있어서 그래."

"무슨 얘기를 해, 이 밤중에……? 낮에 그만큼 붙어 있었으면 됐지!"

문이 열리고 아이들이 들어온다. 한 놈 두 놈 들어오더니 다섯 놈이나 된다. 욱이와 늘 붙어 다니는 그놈들이다. 아이들은 줄줄이 들어오면서 그녀에게 꾸벅꾸벅 인사를 하고, 욱이 방으로 들어간다. 뒤따라간 그녀가 방문을 열려고 하는데 문이 잠겨 있다.

"왜 문을 잠갔어?"

손잡이를 흔들고 문을 두드리자, 욱이 반쯤 문을 열고 머리를 내민다. 열린 문틈으로 좁은 방에 우글우글 모여 있는 아이들이 보인다. 보통 때 같으면 컴퓨터나 들여다보면서 킬킬거리고 있었을 텐데, 왠지 분위기가 평소 같지 않다.

"뭐 한다고 문은 잠그냐? 너희들 배 안 고파? 사과 깎아줄까?"

"몰라. 왜 귀찮게 해? 짜증 나."

아이는 다시 문을 닫고, 그녀는 식탁에 앉아 사과를 깎기 시작한다. 껍질이 벗겨지면서 하얀 속살이 드러나는 사과. 먹음직스럽다. 그녀가 혼잣말을 한다.

"사과는 역시 보는 것보다 깎아 먹는 거야."

깎은 부분을 냉큼 베어 먹는 그녀. 맛있다.

미자가 아파트 앞 큰 나무 아래에 있는 평상에 앉아 나무를 올려다보고 있다. 동네 할머니 한 사람이 다가와 이상하다는 듯이 미자를 보고, 나무를 올려다본다.

"뭐 보고 있어요?"

"나무요."

"나무를 왜 봐?"

"나무를 잘 보려구요. 나무를 보고, 느끼고, 나무가 무슨 생각하나, 내게 무슨 말을 거나 들어보려구요."

할머니는 도무지 무슨 소리를 하나 싶은 표정으로 미자를 보더니, 가버린다. 핸드폰이 울린다. 욱이의 친구 기범이 아버지가 걸어온 전화다.

"아, 예⋯⋯. 기범이 알죠. 우리 욱이하고 맨날 어울려 다니는 친구⋯⋯. 그럼요. 어제도 집에 왔었는데⋯⋯. 그런데 왜요? 무슨 일이 있어요? 저, 지금은 안 되는데⋯⋯. 시 배우러 가야 되거든요. 시요, 시⋯⋯. 끝나는 시간은 열두 시요. 문화원이요. ⋯⋯예, 그럼 그때 봬요."

문화원 강의실에서 김시인이 한창 강의를 하고 있다.

"시를 쓴다는 것은 아름다움을 찾는 일이에요. 우리 눈앞에 보이는 것들, 이 일상의 삶 속에서 진정한 아름다움을 찾는 겁니다."

김시인이 말을 끊는다. 미자가 손을 들고 있다.

"선생님, 시상은 언제 찾아와요?"

"시상이 언제 오냐고요?"

김시인은 시상은 찾아오는 것이 아니라 내가 찾아야 한다고 말한다. 그리고 시는 멀리 있지 않고 내 주변에 있다고 말한다.

"내가 전에 얘기했죠? 설거지통 속에도 시가 있다고…….
멀리서 찾는 것은 시가 아니야."

시인의 말을 듣고 있는 미자의 얼굴. 뭔가 해답을 찾으려고 애쓰는 것 같은 표정이다.

수업을 마치고 나오는 미자. 문화원 건물 입구에서 기범이 아버지를 만난다. 기범이 아버지는 욱이 친구들의 아버지들이 같이 점심을 하기로 했다며 미자에게 같이 가자고 한다. 미자는 영문도 모른 채 그의 차를 타게 된다.

무슨 일이냐고 묻는 미자에게 기범이 아버지가 대답한다.

"하여튼 가보세요. 가서 이야기 들어보시면 아실 거예요."

강이 내려다보이는, 전망이 좋은 어느 식당에 사람들이 모여 있다. 모두가 사십 대 정도로 보이는 남자들 틈에서 미자는 조금 어색하고 불편하다. 그들은 서로 명함을 교환하며 인사한다. 병진이 아버지는 농협 직원이고, 순창이 아버지는 펜션 사장이란다. 사람들이 해물탕을 둘 시킬 건지, 해물탕은 하나를 시키고 아구찜을 하나 시킬 것인지를 가지고 설왕설래를 하고 있다. 종철이 아버지는 상수도 사업소 직원이어서 얼른 점심을 먹고 사무실로 들어가 봐야 하는 모양이다.

"뭐 아무거나 시킵시다. 까다롭게 하지 말고. 우리가 뭐 잘 먹을라고 여기 모인 것도 아니고……."

"그럼 이야기를 시작해보시죠."

"그럼 제가 이야기하죠. 얼마 전에 중학교 3학년 여자아이가 자살을 했습니다. 이름이 박희진이고, 집은 반곡면이고, 부모는 농사짓고 있고……. 그런데 걔가 일기장에 죽기 몇 달 전부터 같은 학교 남학생 여섯 명한테 성폭력을 당해왔다고 써놓았다고 합니다."

말없이 듣고 있는 미자의 얼굴이 점점 굳어진다. 그녀는 이 모든 이야기들이 믿어지지 않는 것 같다. 종욱이를 비롯한 여섯 명의 친구들이 가해자이고, 아버지들은 어떻게 하면 아이들이 저지른 일이 문제가 되지 않고 덮일 수 있을지 의논하기 위해 이 자리에 모인 것이다. 안됐지만 죽은 아이는 이미 되돌릴 수 없게 되었으니, 이제 남자아이들의 장래를 생각해야 할 때라는 것이다. 그러자면 피해자 쪽이 아이들을 고발하거나 문제 삼지 않도록 해야 한다. 우선 죽은 소녀의 부모를 달래고 설득하기 위해 위자료가 필요하고, 적어도 일 인당 오백만 원 정도의 돈을 부담해야 한다. 또 사건이 수면 위로 드러나지 않도록 학교 선생들, 경찰, 지역 신문 기자들에게까지 손을 써야만 한다.

미자가 말없이 자리에서 일어난다. 사람들은 그녀를 쳐다보지만, 이야기를 계속한다. 마당으로 난 통유리 창을 통해

주차장 마당으로 들어서는 미자가 보인다. 그녀는 혼자 화단의 맨드라미꽃을 들여다보고 있는 것 같더니 수첩에 뭔가 쓰고 있다. 남자들이 어이없다는 듯이 그 모습을 본다.

기범이 아버지가 미자에게 다가간다. 그녀는 화단 옆에 쪼그리고 앉아 수첩에 뭔가 쓰고 있다.

"욱이 할머니, 시 쓰고 계세요?"

"그냥 메모……. 항상 이렇게 메모를 해야 한대요."

"뭐라고 쓰셨는데요?"

"피……. 피같이 붉은 꽃이라고…….."

"진짜 피같이 붉네."

"맨드라미 꽃말이 뭔지 아세요? 방패래요. 방패처럼 생겼잖아요. 우리를 지켜주는 방패…….." 미자의 얼굴을 말없이 보는 기범이 아버지.

그날 저녁, 미자는 카레 요리를 해서 접시에 담아 식탁으로 가져간다. 식탁에 앉아 텔레비전을 보고 있던 욱이 음식을 보고 볼멘소리를 한다.

"아, 또 카레야!"

"왜? 너 카레 좋아하잖아."

"학교에서 점심시간에 카레 먹었단 말예요."

"그랬냐? 몰랐네."

그래도 아이는 카레를 비벼 밥을 먹는다. 시선은 여전히

TV에 두고 있다. 미자도 싱크대에 기대어 선 채 말없이 TV를
보고 있다. TV에서는 떠들썩한 오락 프로를 하고 있는 모양
이다. 두 사람은 말없이 TV만 보고 있다.

다음 날 아침, 여느 때처럼 욱이를 학교에 보내고 그녀는 아
이의 방에 들어가 본다. 아이의 방을 치우면서 이것저것 열어
보고 들춰본다. 그러나 별것이 없다. 전화가 걸려온다. 기범
이 아버지에게서 걸려온 전화다.
　미자는 시내 찻집에서 다섯 명의 아버지들과 함께 학교 교
감 선생을 만난다. 교감은 그들에게 소문이 나지 않도록 각별
히 주의해달라고 말하고, 빨리 피해자 집과 합의를 보라고 말
한다.

강노인의 집. 오늘도 그녀는 욕실에서 강노인의 몸을 씻긴다.
강노인은 어눌한 말투로 미자에게 무슨 일이 있느냐고 묻는다.
　"아무 일 없어요. 왜요?"
　"마, 말도 없고……. 얼굴이 왜 그래? 화난 사람같이…….
좀 우, 웃어봐……."
　"난 웃으면 안 돼요."
　"왜?"
　"옛날에 내가 웃으면 웃지 마라 정든다, 남자들이 그랬거
든요? 내가 웃으면 다 나한테 뿅 갔어요. 내가 웃으면 회장님

도 뽕 가요."

흐, 흐, 흐, 하고 강노인이 웃는다.

욕실 청소를 마친 미자는 욕실 문을 걸어 잠근 다음, 옷을
벗고 샤워를 한다. 샤워기의 쏟아지는 물줄기 속에서 그녀는
갑자기 울기 시작한다. 소리를 내지 않으려 하지만, 그녀의
울음은 걷잡을 수 없다. 강노인이 욕실 밖 문에 몸을 기대고
앉아 몰래 엿듣고 있다.

성당으로 들어가는 미자. 오르간 반주와 함께 음악 소리가 들
려오고 있다. 그녀는 게시판 앞에서 걸음을 멈추고 안내문을
본다. '박희진 아녜스의 위령미사'라고 쓰여 있고, 그리 크지
않은 사진 액자도 놓여 있다. 미자는 그 사진 속의 얼굴을 쳐
다본다. 입술이 도톰하고 얼굴이 동그란 소녀가 그녀를 쳐다
보고 있다.

위령미사가 열리는 성당 안으로 들어오는 미자. 뒤쪽 자리
에 앉아 앞을 바라본다. 신부가 위령미사의 기도를 주재하고
있고, 유족과 다른 참석자들이 일어나서 함께 기도하고 있다.
넓은 성당 안에 참석자들이 별로 없어서 썰렁한 느낌을 준다.
미자는 뒷자리에 몸을 숨기듯 혼자 앉은 채 그들의 미사를 지
켜보고 있다. 통로 건너에 있는 여학생들이 그녀를 본다.

"하느님, 세상에서 주님을 섬겼던 아녜스에게 자비를 베
푸시어 그의 상처를 치유해주시고 고통받은 영혼을 구원하

소서.”

"주님, 저희의 기도를 들어주소서.”

"하느님 당신에 대한 사랑을 안고 세상을 떠난 아녜스를 위해 간구하오니 그를 하느님의 품에 안아주소서.”

미사가 진행되는 동안 여학생 한 명이 계속 미자를 보고 있다. 자리에서 일어나 밖으로 나가는 미자.

밤중에 그녀는 어둠 속에서 혼자 식탁 앞에 앉아 있다. 이윽고 자리에서 일어나 아이의 방문을 열고 들어간다. 작은 침대에서 몸을 웅크린 채 자고 있는 욱이를 흔들어 깨운다.

"일어나, 일어나!”

욱이 눈을 뜨고 그녀를 쳐다본다.

"일어나! 할머니가 할 말이 있어!”

아이는 얼굴을 찡그리고 몇 번 눈을 껌벅이는가 싶더니, 이불을 뒤집어쓰고 돌아눕는다. 그녀가 아이의 어깨를 잡고 힘주어 당긴다. 그러나 아이는 벽을 향해 돌아누운 채 꼼짝도 않는다. 마침내 그녀가 발작적으로 소리 지른다.

"왜 그랬어! 왜 그랬어!”

그것은 울부짖음에 가깝다. 그녀가 다시 이불을 잡아당긴다. 그러나 아이는 바위처럼 단단하게 웅크리고 있다. 침묵 속의 투쟁이 계속된다. 울음이 터질 것처럼 그녀의 숨소리만 거칠게 들린다. 그녀는 필사적으로 안간힘을 쓰지만, 그러나

도저히 이길 수 없다. 그녀가 기진해서 잠시 아이를 보다가 이윽고 방을 나간다.

미자는 욱이의 학교에 혼자 찾아가 본다. 일요일이라 학교는 비어 있다. 사건이 일어났던 과학실을 찾아가본다. 창문 안을 들여다본다. 좀 더 얼굴을 유리창에 바싹 붙인다. 그러나 희 끄무레한 어둠뿐 아무것도 보이지 않는다.

강변에 있는 어느 카페에서 시 낭송회가 열리고 있다. 카페 한쪽에 작은 무대가 만들어져 있고, 그곳에서 시 낭송을 하고 있다. 미자가 들어와 자리에 앉는다. 무대에는 사십 대 초반 으로 보이는 한 여자가 가슴에 화려한 꽃 브로치를 달고 진지 하게 시를 낭독하고 있다. 자작시인 것 같다. 여자가 낭독을 끝내자 다른 사람이 올라가 낭독을 시작한다.

　방금 낭독을 끝내고 자리에 앉은 조미혜에게 미자가 다가 가서 말을 붙인다.

　"시 참 잘 쓰시네요."

　"아니에요, 부끄러운 수준이에요."

　"아까 시 쓰기 시작한 지 얼마 안 됐다고 했는데……. 이런 시를 어떻게 쓰셨어요?"

　"예, 이번 경우는 아주 쉽게, 자연스럽게 썼어요. 한 줄을 쓰다 보면 내가 생각하고 있지 않았던 게 명주실 가닥처럼 줄

줄줄 따라 나오더라구요. 꼭 내가 시 속에 들어가서 헤엄치듯이, 유영하듯이, 나비 날갯짓하듯이 그렇게 썼어요.”

조미혜의 말을 어린아이처럼 진지한 표정으로 듣고 있는 미자.

강노인이 막 방에 들어서는 미자에게 뭔가를 내민다.

“뭐예요, 이게?”

“야, 야……약. 좀 까, 까 조…….”

“약? 무슨 약인데요? 왜 갑자기 약을 드세요? 어디 아프세요?”

“아, 아니……. 그냥 까주기만 해!”

미자가 약 은박지를 까서 물과 함께 그에게 내민다. 약을 먹고 물을 마시는 강노인을 보고 있다.

욕실에서 그녀는 늘 하던 것처럼 샤워기로 노인의 앙상한 몸에 물을 끼얹고, 비누칠을 한다. 그녀의 손길이 등을 돌아 아래쪽으로 내려간다. 아랫도리에 비누칠을 하는 동안 문득 그녀의 표정이 이상해진다. 노인의 몸 반응이 이상하다. 그녀의 시선이 노인의 아랫도리로 간다. 그리고 놀라 자신도 모르게 소리를 지른다. 도망치듯 몸을 일으킨다. 그러나 노인이 그녀의 손목을 붙든다. 노인의 일그러진 입에서 무슨 소리가 힘겹게 튀어나온다.

“부, 부……. 타, 탁이야…….”

더듬거리며 애원하듯 노인은 한 번만 남자 구실을 하게 해 달라고 한다.

"놔요……. 사람을 어떻게 보고 이러시는 거예요?"

그녀는 욕실 밖으로 나가더니 안방으로 가서 아까 먹었던 약 껍질을 찾아 들고 온다.

"이거 그거죠? 비아그란가 하는……."

강노인은 말없이 그녀를 쳐다보기만 한다. 미자는 그에게 수건을 던지고, 옷도 던진다. 이제 더 이상 일을 하지 않을 테니 혼자서 입으라고 말한다.

정밀 검사 결과를 알기 위해 서울의 한 종합 병원 신경내과에 와 있는 미자. 진찰실의 여자 의사 뒤에 소담하게 꽃꽂이 된 꽃들이 보인다. 자기도 모르게 탄성을 내뱉는 미자.

"어머, 동백꽃이네!"

의사가 고개를 쳐들고 미자를 본다. 미자가 변명하듯 웃으며 말한다.

"제가 동백꽃 너무 좋아하거든요. 겨울의 꽃, 붉은 고통의 꽃……."

의사가 미자에게 묻는다.

"혼자 오셨어요? 누구 보호자 분과 같이 오시지는 않고요?"

"혼자 왔어요. ……왜요?"

"같이 얘기할 보호자분이 있으면 좋은데……."

"왜요? 뭐가 많이 나빠요?"

"검사 결과가요……. 환자분이 지금 알츠하이머병이세요. 흔히 치매라고 하죠?"

미자는 아주 잠깐 동안 멍한 얼굴로 의사를 쳐다보다가 어이없다는 듯 웃으며 말한다.

"아니에요, 저 멀쩡해요!"

"지금은 멀쩡하시죠. 지금은 아주 초기시거든요. 근데 병은 이미 시작되었어요. 지금은 가끔 단어 같은 거 기억이 안 나시고 할 텐데……. 차츰차츰 많이 기억을 잊어버리실 거예요. 처음에는 단어 중에 명사를 잊어버리시고, 그다음에는 동사가 기억이 안 나실 거예요. 동사, 아시죠?"

"네, 동사……. 알죠."

그녀가 짧게 소리 내어 웃는다. 그러나 표정은 금세 굳어진다.

"명사가 제일 중요하잖아요."

"그렇죠? 명사가 제일 중요하죠?"

무심결에 그렇게 말해놓고 이번에는 의사가 웃는다. 미자도 따라 웃는다. 그녀는 잠깐 창가의 꽃꽂이된 꽃들을 멍하니 바라본다. 의사가 말한다.

"저거 조화예요."

병원 현관을 나오며 미자는 딸과 통화를 하고 있다. 그러나 그녀는 의사의 진단 내용을 딸에게 알리지 않는다.

"뭐, 괜찮대. 운동하래. 운동 열심히 하래. 의사가 그러는데, 시도 열심히 쓰래."

"무슨 의사가 그래?"

딸의 말에 그녀가 소리 내어 웃는다. 시외버스를 타고 가며 차창 밖의 풍경을 바라보고 있는 미자. 넓은 차창으로 선홍빛 노을이 펼쳐져 있다. 미자는 가방에서 수첩과 연필을 꺼내 뭔가를 끄적거리기 시작한다.

시간이 흐르고 꽃도 시들고

글씨는 심하게 흔들려서 거의 알아보기 어렵다.

기범이 아버지가 운영하는 노래방의 어느 룸에서 미자가 혼자 노래를 부르고 있다. 기범이 아버지가 들어와 그 모습을 보다가 노래가 끝나자 박수를 친다. 미자가 기범이 아버지에게 돈을 좀 빌려줄 수 없냐고 사정한다. 노래방에서 일을 해서라도 조금씩 갚겠다고 말한다. 그러나 기범이 아버지는 빌려줄 돈도 없고, 노래방에서 그녀가 할 일도 없다고 말한다.

"어떡해요, 은행이라도 털어야겠네요."

"욱이 어머니한테 이야기하세요. 왜 이야기를 안 하세요?

무슨 이야기든 다 한다면서……. 영원한 친구시라면서…….”

어느 한적한 시골길. 마을버스가 한 대 달려와 정거한다. 버스에서 내리는 미자. 그녀가 가는 방향으로 카메라가 팬 하면, 새로 지어진 제법 큰 콘크리트 다리가 보인다.

다리 난간에 서 있는 그녀. 강 아래 먼 풍경에 망연히 시선을 보내고 있다. 새소리에 고개를 젖혀 하늘을 올려다보기도 한다. 바람에 머리칼이 흔들린다. 이윽고 다리 아래를 내려다본다. 그녀의 시점으로 보이는 다리 아래의 강물. 극부감. 까마득한 아래 콘크리트 교각 사이로 검은 강물이 소용돌이치며 흐르고 있다.

바람이 심하게 부는 강가의 작은 바위에 걸터앉는 그녀. 가방에서 수첩을 꺼낸다. 떠오르는 시상을 적으려는 듯. 허공을 쳐다보는 그녀의 표정이 간절하다. 그러나 쉽게 쓰지 못한다. 빈 수첩에 문득 빗방울 하나가 떨어진다. 이내 빗방울들이 연이어 떨어지기 시작한다. 수첩은 떨어지는 비로 젖어든다. 강물 위에 떨어지는 빗발. 무수한 파문을 만든다.

비를 맞으며 앉아 있는 미자. 마치 매를 맞는 것처럼 빗발을 고스란히 맞고 있다.

비에 젖은 채로 슈퍼에 들어서는 미자를 보고 슈퍼여자가 놀란다.

"웬일이세요, 아주머니?"

미자가 손을 내민다.

"안집 열쇠 주세요."

"일하실려고요? 아이고, 웬일로 마음이 바뀌셨어요?"

미자는 말없이 손만 내밀고 있다.

강노인 집 안. 미자가 문을 열고 들어서자 강노인이 놀라 그녀
를 쳐다본다. 그녀는 말없이 문갑의 서랍을 뒤지기 시작한다.

"머, 머……. 뭘 찾아?"

대답 없이 찾기만 하던 그녀, 이윽고 서랍 안쪽에서 약을
찾아 꺼낸다. 컵에 주전자의 물을 따른 뒤, 약의 은박지 포장
을 까서 노인에게 내민다.

"이거 드세요."

미자가 약을 노인의 입으로 가져간다. 이윽고 입을 벌려
약을 받아먹는 강노인.

강노인을 욕실로 데려오는 그녀. 욕조 안에 그를 앉히고
옷을 벗긴다. 남자는 순순히 그녀에게 몸을 맡기고 있다. 미
자도 옷을 벗는다. 욕조 안에서 남자와 마주 앉은 그녀, 노인
의 몸 위에 걸터앉은 자세로 천천히 몸을 움직인다. 노인의
눈에서 눈물이 흐른다. 그녀가 손으로 눈물을 닦아준다.

순창이 아버지가 하는 부동산 사무실에서 미자는 순창이 아

트리트먼트   305

버지와 기범이 아버지를 만난다. 그들은 미자에게 소녀의 엄마를 한번 만나보라고 한다. 학교와 경찰 쪽은 어떻게 무마가될 것 같은데, 피해자 쪽에서는 말을 듣지 않는다는 것이다. 그들은 손자 하나를 보고 혼자 살고 있는 불쌍한 미자 같은 사람이 사정을 하면, 그 엄마도 마음이 약해지지 않을까 하고 기대하는 눈치다. 아직 돈도 마련하지 못한 미자는 하는 수 없이 그들의 제안을 받아들인다.

허름한 집들이 보이는 전형적인 농촌 마을의 입구에 기범이 아버지의 차가 도착한다. 차에서 내리는 미자에게 기범이 아버지가 말한다.

"끝나면 전화하세요. 제가 금방 올 테니까."

"버스 타고 가지요, 뭐. 저기 버스 정류장 보이던데요. 갈 때는 내가 알아서 갈게요."

"하여튼 필요하면 언제든 전화하세요. 이야기 잘하시고요. 인제 욱이 할머니한테 달렸어요. 아시죠?"

"네."

차를 돌리기 위해 후진하다 말고, 기범이 아버지가 몸을 기울여 내다보며 말한다.

"의상이 너무 튄다! 이 동네에 진짜 안 어울리시네!"

"그럼 어쩌죠?"

그녀가 어린애 같은 표정으로 울상을 짓는다.

"그냥 가요? 나중에 딴 옷 입고 다시 오게?"

말을 해놓고 그녀는 스스로 우스워 웃는다.

"여기까지 왔는데 어떻게 그냥 가요? 하여튼 말씀만 잘하세요. 절대로 그 사람들 자극하는 말은 하지 마시고……. 예? 지금 상황이 어떤 건지 아시죠?"

"……노력해볼게요."

어느 농가. 개집에 매여 있는 개가 줄이 떨어질 듯 날뛰며 극성스럽게 짖어대고 있다.

"실례합니다!"

마당에 들어와 집 안을 둘러보고 서 있는 미자. 대문은 열려 있는데, 집은 비어 있는 듯하다. 그녀는 마루의 벽에 걸린 사진틀을 쳐다본다. 다양한 모습의 가족사진들이 붙어 있다. 그중에는 희진으로 보이는 소녀의 사진도 있는 것 같다. 사진들을 쳐다보던 그녀가 신발을 벗고 마루 위로 올라간다. 사진들 앞으로 다가가 고개를 꺾고 쳐다보는 그녀.

"누구 찾아왔어요?"

나지막한 담장 너머로 옆집 여자가 의심스런 눈으로 그녀를 보고 있다. 집주인을 찾아왔다는 미자의 말에 옆집 여자는 밭에 일하러 갔다고 말한다.

"거기가 어딘데요?"

미자는 옆집 여자가 알려준 곳으로 찾아간다. 조용하고 평화로운 시골의 작은 오솔길을 천천히 걸어가는 동안 차츰 기분이 가벼워진다. 그녀는 하늘도 올려다보고 주위의 나무들도 둘러보고 길가에 핀 들꽃을 꺾기도 한다. 가을 햇살은 따사롭게 내리쬐고 바람은 부드럽게 머리칼을 날린다. 어쩐지 금방 시 한 줄이라도 떠오를 것만 같다. 어느 나무 밑에서 그녀는 문득 걸음을 멈춘다. 땅에 살구 열매들이 떨어져 있다. 그녀는 수첩을 꺼낸다. 쪼그리고 앉아 뭔가를 쓰기 시작한다.

살구는 스스로 땅에 몸을 던진다
깨여지고 밟힌다
다음 생을 위해

그녀는 다시 걷기 시작한다. 저만치 밭 한가운데서 한 여인이 허리를 굽힌 채 일하는 모습이 보인다. 그녀는 그쪽으로 걸어간다. 밭에서 한창 일하고 있는 사십 대 중반쯤으로 보이는 여인은 농사꾼 여인답게 얼굴이 까맣게 타 있다.

"안녕하세요?"

가까이 다가오며 미자가 인사하자, 여인도 허리를 펴고 대답한다.

"예, 안녕하세요."

"날씨 참 좋죠?"

"네 날씨가 도와주네요."

"여기 참 좋은 곳인 거 같아요. 경치도 너무 좋고……. 참 이런 데서 살고 싶다는 생각이 드네요."

"예……. 살기가……. 그래도 쉽지는 않아요."

그녀는 미자를 아마도 바람 쐬러 나온 팔자 좋은 도시 사람쯤으로 생각하는 듯하다. 미자는 여자에게 손에 들고 있던 살구를 보여준다.

"걸어오다가 살구도 주웠어요. 살구가 땅에 떨어진 거 보고 참 간절하다고 생각했어요. 지 몸을 땅에 던져서 지 몸을 막 깨지고 밟히게 해서 다음 생을 준비하잖아요. 내가 평생 살아도 오늘 살구에 대해 그런 거 처음 알았네."

이 여자가 무슨 소릴 하나, 하는 얼굴로 농사꾼 여자는 그녀를 쳐다본다.

"올 농사는 어때요?"

"뭐……. 고만고만해요."

"올해는 풍년 들어서 돈 많이 버셔야 할 텐데……. 그죠?"

"농사가 풍년 들면 드는 대로 값 떨어지고……. 아니면 아닌 대로 힘들고……. 쉬운 거 하나도 없어요."

"예……. 그래도 잘되면 좋겠네요. 그럼 수고하세요!"

"네, 안녕히 가세요!"

그녀는 여인에게 웃으며 인사를 하고 그 자리를 떠난다. 몇 걸음 걸어가다가 갑자기 그녀는 걸음을 멈춘다. 그리고 충격과 두려움에 사로잡힌 얼굴로 뒤를 돌아본다. 비로소 그녀

트리트먼트

는 자신이 왜 이곳에 왔는지 깨닫게 된 것이다. 그녀가 뒤를 돌아보면, 여인은 여전히 그 자리에서 일을 하고 있다. 이제 다시 되돌아갈 수도 없다. 여인이 얼핏 이쪽을 쳐다보는 것 같다. 얼른 고개를 돌리고 다시 걷기 시작하는 미자의 얼굴이 돌처럼 굳어 있다.

그런 상황에서도 그녀는 시를 쓰기 위해 노력한다. 그러나 시를 쓰는 것은 어렵다. 시를 쓴다는 것은 진정한 아름다움을 찾는 일이라는데, 눈앞에 보이는 그녀의 일상에 진정한 아름다움이라는 것이 있는지조차 의심스럽다. 그래도 미자는 여전히 문학 강좌를 들으러 나가고, 시 낭송회 모임에도 참석한다.

시 낭송회가 열리고 있는 카페. 무대에서 누군가 정호승의 시를 낭송하고 내려가자, 사십 대 중반의 남자(박상태)가 안도현의 시를 읽는다. 시를 읽고 난 뒤 음담패설을 해서 회원들을 웃기는 박상태. 전에도 그런 농담을 했던 남자다. 미자는 이런 자리에서 음담패설을 하는 것이 시를 모독하는 것 같다고 조미혜에게 말한다.

"여긴 시를 사랑하는 자린데, 시를 사랑하는 것은 아름다움을 찾는 거잖아요? 그런데 맨날 저런 와이담이나 하고……. 꼭 시를 모독하는 것 같아요."

"호호……. 시를 모독한다고요? 저분이 저래도요, 순수하

신 분이에요. 원래 서울 경찰청에 있었는데, 경찰 비리를 고
발했다가 찍혀서 여기 시골 경찰서에 내려온 거래요.”
　“그래요? 보기하고는……. 좀 다르네요.”
　미자가 박상태를 쳐다본다.

미자는 시 낭송회가 끝난 후 뒤풀이 자리에도 참석한다. 그
자리에는 김용탁 시인도 함께하고 있다. 식사를 하고 술을 마
시는 그 자리에서 미자가 김시인에게 묻는다.
　“선생님 어떻게 해야 시를 쓸 수 있어요?”
　그 질문이 너무 느닷없어서 김시인은 잠깐 당황한 듯 그녀
를 바라본다.
　“참 어렵죠……. 시를 쓴다는 게…….”
　김시인이 어정쩡하게 대답한다. 그러나 미자의 표정은 절
실하다.
　“너무 어려워요. 선생님이 수업 시간에 그러셨잖아요. 누
구나 가슴속에 시를 품고 있다고……. 가슴속에 갇혀 있는 시
가 날개를 달고 날아오를 수 있다고……. 정말 내 가슴속에
갇혀 있던 시가 날개를 달고 날아오를 수 있게 될까요? 나한
테도 그런 일이 있을까요?”

어두운 식당 마당에서 담배를 피우러 나온 박상태가 누군가
를 발견하고 그쪽으로 걸음을 옮긴다. 마당 한쪽에 미자가 혼

트리트먼트

311

자 쪼그리고 앉아 울고 있다. 박상태가 다가가 허리를 굽혀 그녀에게 묻는다.

"왜 우세요, 누님? 무슨 일 있어요?"

대답이 없는 그녀. 박상태는 난감한 듯 서서 보다가 그녀의 옆에 쪼그려 앉는다.

"시 때문에 우세요? 시 못 써서?"

대답 없이 흐느끼는 소리만 계속된다. 박상태는 말없이 그녀의 울음이 그치기를 기다리고 있다.

일요일 오전의 아파트 공터. 여자아이들 둘이 훌라후프를 하고 있다. 한 아이가 잘하지 못해서 훌라후프가 자꾸 땅에 떨어진다. 욱이가 와서 아이의 훌라후프를 집어 들고 시범을 보여준다. 허리를 리드미컬하게 움직이며 아이들을 보고 웃는다. 그 웃음이 해맑아 보인다. 어린아이들도 웃는다.

2층 거실 창문으로 아래를 내려다보고 있는 미자.

순창이 아버지의 부동산 중개 사무실 안으로 미자가 들어서며 인사한다.

"예, 오셨어요?"

소파에 앉아 있던 순창이 아버지가 쳐다보며 아는 체한다. 마침 기범이 아버지도 와 있다. 그들의 앞에 어떤 여자가 앉아 있다.

"인사하세요, 욱이 할머니. 희진이 엄마세요."

미자는 놀라고 당황하지만, 이미 너무 늦었다.

"……예, 안녕하세요."

미자가 고개 숙여 인사한다. 미자를 본 희진이 어머니의 얼굴이 놀라 굳어진다. 기범이 아버지가 미자를 소개한다.

"박종욱이란 아이 할머니예요. 지난번에 희진이 집으로 한번 찾아가셨더랬는데……. 욱이 할머니가 너무 마음이 아프고 죄송해서 사과하고 싶다고 혼자서 댁으로 찾아가셨다가……. 못 만나고 그냥 오셨다고 했죠?"

희진이 어머니가 말없이 그녀를 본다. 도무지 이해할 수 없다는 표정이다. 잠시 어색한 침묵이 흐른다. 미자가 갑자기 자리에서 일어난다. 기범이 아버지가 놀라 쳐다본다.

"욱이 할머니 어디 가세요?"

그녀는 말없이 사무실 문을 열고 나온다. 그 자리를 조금이라도 빨리 벗어나고 싶다는 듯이 막 길을 건너려 할 때 뒤에서 기범이 아버지가 부른다.

"왜 왔다가 그냥 가시려고 해요? 어떻게……. 돈은 마련하셨어요?"

"사실은……. 돈을 못 구했어요. 그 말 하려고 온 거예요. 혹시 기다리실까 봐……."

"그럼 어떻게 해요? 지금 진짜 급하거든요. 여자애 엄마하고 이야기 잘되고 있는 중이에요. 진짜 어렵게 여기까지 나오게 했거든요. 저기 저 기자가 다리를 놔가지고…… 예? 그런데 이제 와서 돈 안 된다고 하면 어떡해요? 따님한테 이야기 안 하셨어요?"

그녀는 사무실 쪽을 돌아본다. 유리창 너머 말없이 미자를 보고 있는 희진이 엄마와 눈이 마주친다. 두 사람 서로를 말없이 보고 있다.

강노인 집 거실. 오늘 무슨 날인지 오랜만에 가족들이 다 모인 것 같다. 두 아들 내외와 그들의 아이들까지 모여 있고, 아이들은 한 명씩 의자에 앉아 있는 강노인에게 가서 뽀뽀를 하는 중이다. 초인종이 울린다. 찾아온 사람이 미자인 것을 알고 모두 놀란다.

"저기, 회장님한테 할 이야기가 있어서 왔어요."

미자가 강노인을 본다. 강노인도 미자를 본다. 식구들이 그런 두 사람을 말없이 쳐다보고 있다. 이윽고 미자가 강노인을 따라 방으로 들어간다.

미자가 수첩에 뭔가를 써서 강노인에게 내민다. 늘 들고 다니며 시상을 메모하던 그 수첩이다.

오백만원만 주세요. 부탁입니다. 이유는 묻지 마시고요.

수첩을 들여다본 강노인이 그녀를 쳐다보자, 미자는 목소리를 낮춰 말한다.

"빌려달라고 하고 싶지만…… 그럴 수는 없네요. 어차피

시 Poetry 각본집

못 갚을 테니까요.”

이번에는 강노인이 볼펜을 집어 들고 미자의 수첩에 삐뚤삐뚤 뭔가 써서 미자 앞으로 내던진다.

왜 내가 돈을 줘야 되나 이유도 없이

주인 여자가 주스 한 잔을 가져다 미자 앞에 놓으며 무슨 이야기를 하러 왔냐고 묻는다.

“뭐 별 이야긴 아니고요……. 회장님한테 돈 받을 게 있어서 왔어요.”

“예? 돈 받을 거요? 무슨 돈이요? 아버님, 이 아주머니한테 뭐 빚진 거 있으세요?”

강노인은 대답이 없다. 안주인이 나간 뒤 강노인이 수첩에 다시 글씨를 쓴다.

협박하나

“뭐라고 생각하셔도 좋아요. 변명은 않겠어요…….”

강노인의 얼굴 한쪽이 부들부들 떨린다.

부동산 사무실에 찾아온 미자. 순창이 아버지, 기범이 아버지 등이 모여 있다. 미자가 그들에게 돈 봉투를 내민다. 기범이 아버지가 돈 봉투를 들여다본다.

“전부 현금이네……. 진짜 은행 터셨어요?”

기범이 아버지는 미자까지 돈을 마련했으니까 이제 깨끗하게 마무리될 것이라고 말한다. 미자가 허탈하게 묻는다.

트리트먼트   315

"이제 정말 다 끝난 건가요? ……완전히?"

기범이 아버지는 완전히 끝났다고 할 수는 없지만 문제없다고 말한다. 누군가 경찰에 고발하면 수사를 해야 하지만, 학교하고도 얘기가 끝났고 언론 쪽도 막았고, 피해자 가족하고도 합의를 했으니까 걱정 안 해도 된다는 것이다. 그 말을 듣고 자리에서 일어서는 미자.

부동산 사무실을 나와 거리를 걸어가던 미자가 오락실 앞에서 걸음을 멈추더니, 안으로 들어간다. 오락실 구석에 친구들과 오락을 하고 있는 욱이에게 다가가서 팔을 잡아끈다. 처음에 조금 뻗대던 아이가 순순히 따라나선다.

미자는 아이를 데리고 피자집으로 가서 피자를 사 먹인다. 아이는 이런 할머니의 행동이 약간 이상한 모양이다. 그녀는 욱이에게 집에 가서 목욕을 하라고, 내일 엄마가 올 거라고 말한다.

"엄마는 왜 와?"

"내가 불렀어. 오라고……. 엄마 본 지 오래됐잖아?"

아이는 더 이상 말없이 먹기만 하고 있다.

그날 저녁 미자는 거실에서 욱이의 발톱을 깎아주고 있다. 그녀는 방금 목욕을 한 아이에게 제대로 때를 밀지 않았다고 잔소리한다.

"이것 봐라. 여기는 때가 그대로 있네. 뭐가 아까워서 여기 때는 남겨뒀냐? 응? 사람은 언제나 몸을 깨끗이 해야 돼. 몸이 깨끗해야 마음이 깨끗한 거야."

그녀는 잔소리를 늘어놓으면서도 정성스럽게 발톱을 깎아주고 있다. 아이는 말없이 그녀에게 발을 내맡기고 앉아 있다. 잠시 발톱 깎는 소리만 톡, 톡, 들린다.

밤에 아파트 앞 공터에서 배드민턴을 치고 있는 미자와 종욱. 차가 한 대 들어와 서더니 두 남자가 차에서 내린다. 박상태와 형사로 보이는 젊은 남자는 미자와 욱이 배드민턴을 치는 모습을 구경하듯 서서 보고 있다.

"나이스 샷!"

박상태가 미자를 응원하듯 장난스럽게 소리친다. 미자는 박상태를 알아보지만, 아는 체를 하지 않는다. 셔틀콕이 미자의 머리 위를 지나 나뭇가지 위에 걸린다. 미자가 나무 밑으로 가서 라켓으로 가지를 건드려 콕을 떨어트리려 하고 있을 때, 형사들이 욱이를 불러 뭔가 이야기하고 있다. 그동안에도 그녀는 계속 라켓을 휘두르며 콕을 떨어트리려 하고 있다. 마침내 땅에 떨어진 콕을 줍고 돌아서면, 욱이 대신 박상태가 라켓을 들고 서 있다.

"누님! 내가 한 수 가르쳐드릴게요."

그가 웃으며 장난스럽게 라켓을 휘두른다. 젊은 형사는 욱

트리트먼트

이를 데리고 차가 있는 쪽으로 걸어가고 있다. 그녀의 곁으로 두 사람이 지나간다. 그녀와 욱이의 눈이 마주친다. 그러나 두 사람은 아무 말이 없다. 젊은 형사가 욱이를 차에 태워 떠나는 동안 미자는 말없이 박상태와 배드민턴을 치고만 있다. 어두운 허공 속으로 하얀 셔틀콕이 왔다 갔다 날아다닌다. 마치 아무 일도 없었던 것처럼 침묵 속에 배드민턴을 치고 있는 두 사람. 어둠 속에 하얀 셔틀콕만이 소리 없이 날아다니고 있다.

창문으로 햇살이 밝게 들어오는 문화원 강의실. 교실로 들어온 김용탁 시인은 탁자 위에 놓인 꽃을 본다.

"오늘 마지막 날이라고 꽃도 갖다 두셨네. 고맙습니다. 감동했어요."

"사실은……. 저희가 둔 게 아니고요, 양미자 씨가 두고 갔어요."

"양미자 씨요?"

그러고 보니 탁자 위에는 흰 종이가 놓여 있다. 김시인이 그 종이를 들어본다.

"시도 쓰셨네. 그런데 어디로 가셨어요?"

아무도 대답이 없다. 김시인이 수강생들에게 과제를 가져왔냐고 묻는다. 그러나 시를 써온 사람은 양미자 외에는 아무도 없다.

"시를 쓰는 게 너무 어려워요."

누군가 말한다.

"아닙니다. 아니에요. 시 쓰는 게 어려운 게 아니라 시를 쓰겠다는 마음을 갖기가 어려운 거죠. 시를 쓰는 마음!"

그는 미자가 두고 간 시를 손에 든다.

"어쨌든 양미자 씨는 이 자리에 없지만, 어떤 시를 썼는지 보기로 하지요. 내가 대신 읽어보겠습니다. 제목은 '아녜스의 노래'."

시를 읽기 시작하는 김시인.

미자의 아파트 안. 싱크대 위 좁은 창문으로 희미한 햇살이 비껴 들어오고 있을 뿐, 집 안은 비어 있다. 현관문 쪽에서 달그락 소리가 들리는가 싶더니, 문이 열리고 미자의 딸이 들어온다.

"엄마!"

그녀는 방문을 열어본다. 미자의 부재가 느껴진다. 식탁에 앉는다. 핸드폰으로 전화를 건다. 그러나 신호가 가지만, 전화는 받지 않는 듯하다. 멍하니 그 자리에 앉아 있다. 시 '아녜스의 노래'를 읽는 미자의 목소리가 들려오기 시작한다.

미자의 목소리와 함께 이어지는 장면들. 미자가 늘 함께하던 일상 속 풍경들이다. 그러나 거기에 미자는 없다.

아파트 앞 작은 공터. 미자가 시상을 떠올리기 위해 앉아 쳐다보던 나무 앞에서 아이들이 훌라후프를 하며 놀고 있다.

미자가 늘 버스를 타던 버스 정류장 앞. 오늘따라 버스를 기다리는 사람은 아무도 없이 비어 있다. 버스가 한 대 와서 선다. 그러나 아무도 내리지 않는다. 버스가 다시 출발한다.

학교 운동장. 운동장 한쪽에서 바라보는 텅 빈 운동장 너머의 학교 교사.

미자의 목소리가 소녀의 목소리로 바뀐다.

복도. 수업을 하고 있는 소리 들린다. 아이들이 왁자하게 웃는다. 카메라, 누군가의 시점처럼 교실 유리창으로 다가간다. 유리창 너머로 보이는 교실. 아이들이 큰 소리로 따라 읽고 있다. 소녀의 목소리 계속된다.

소녀의 동네. 버스를 타고 창밖을 보는 누군가의 시점으로 버스와 나란히 달리는 아이(소녀의 동생)의 모습이 보인다. 버스를 추월해 만세를 부르는 아이.

소녀의 집 마당. 마당 한쪽에 있는 개. 보이지 않는 누군가에게 반갑다는 듯 꼬리를 흔들고 그 자리에서 길길이 뛰며 기쁨을 표현한다.

새로 지어진 높은 콘크리트 다리. 카메라 누군가의 시점으로 다리 난간을 향해 천천히 다가가고, 소녀의 뒷모습이 프레임인 된다. 카메라 그녀의 뒤를 따라간다. 다리 아래를 내려다보는 소녀의 뒷모습. 그녀의 시점으로 보이는 다리 아래의 검은 강물. 부감. 돌아보는 그녀의 얼굴 클로즈업.

강물. 화면 앞으로 끊임없이 밀려오는 물살.
　천천히 페이드아웃.

감독

각본

제작

조감독

기획

각본집

2021년 3월 24일 초판 1쇄 발행
2024년 8월 14일 초판 3쇄 발행

지은이   이창동

펴낸이   정상태
펴낸곳   도서출판 아를
등록   제406-2019-000044호 (2019년 5월 2일)
주소   10881 경기도 파주시 문발로 139, 407호
전화   031-942-1832
팩스   0303-3445-1832
이메일   press.arles@gmail.com

© 유니코리아문예투자(주) 2021
ISBN 979-11-973179-0-3 03680

• 책값은 뒤표지에 표시되어 있습니다.
• 잘못된 책은 구입하신 서점에서 교환해드립니다.

아를ARLES은 빈센트 반 고흐가 사랑한 남프랑스의 도시입니다.
아를 출판사의 책은 사유하는 일상의 기쁨, 아름다움을 발견하는 즐거움을 드립니다.
• 페이스북 @pressarles • 인스타그램 @pressarles • 트위터 @press_arles